Verordnung über Sicherheit und Gesundheitsschutz bei der Verwendung von Arbeitsmitteln (Betriebssicherheitsverordnung – BetrSichV)

BetrSichV

Ausfertigungsdatum: 03.02.2015

"Betriebssicherheitsverordnung vom 3. Februar 2015 (BGBl. I S. 49), die durch Artikel 1 der Verordnung vom 13. Juli 2015 (BGBl. I S. 1187) geändert worden ist"

Zuletzt geändert durch Art. 1 V v. 13.7.2015 I 1187; Ersetzt V 805-3-9 v. 27.9.2002 I 3777 (BetrSichV)

Fußnote

(+++ Textnachweis ab: 1.6.2015 +++)

Die V wurde als Artikel 1 der V v. 3.2.2015 I 49 von der Bundesregierung, dem Bundesministerium für Wirtschaft und Energie und dem Bundesministerium für Arbeit und Soziales mit Zustimmung des Bundesrates und im Einvernehmen mit dem Bundesministerium für Umwelt, Naturschutz, Bau und Reaktorsicherheit sowie mit dem Bundesministerium des Innern beschlossen. Sie tritt gem. Art. 3 Satz 1 dieser V am 1.6.2015 in Kraft.

3

Abschnitt 1
Anwendungsbereich und Begriffsbestimmungen

-

§ 1 Anwendungsbereich und Zielsetzung

(1) Diese Verordnung gilt für die Verwendung von Arbeitsmitteln. Ziel dieser Verordnung ist es, die Sicherheit und den Schutz der Gesundheit von Beschäftigten bei der Verwendung von Arbeitsmitteln zu gewährleisten. Dies soll insbesondere erreicht werden durch

1.
    die Auswahl geeigneter Arbeitsmittel und deren sichere Verwendung,
2.
    die für den vorgesehenen Verwendungszweck geeignete Gestaltung von Arbeits- und Fertigungsverfahren sowie
3.
    die Qualifikation und Unterweisung der Beschäftigten.

Diese Verordnung regelt hinsichtlich der in Anhang 2 genannten überwachungsbedürftigen Anlagen zugleich Maßnahmen zum Schutz anderer Personen im Gefahrenbereich, soweit diese aufgrund der Verwendung dieser Anlagen durch Arbeitgeber im Sinne des § 2 Absatz 3 gefährdet werden können.

(2) Diese Verordnung gilt nicht in Betrieben, die dem Bundesberggesetz unterliegen, soweit dafür entsprechende Rechtsvorschriften bestehen. Abweichend von Satz 1 gilt sie jedoch für überwachungsbedürftige Anlagen in Tagesanlagen, mit Ausnahme von Rohrleitungen nach Anhang 2 Abschnitt 4 Nummer 2.1 Satz 1 Buchstabe d.

(3) Diese Verordnung gilt nicht auf Seeschiffen unter fremder Flagge und auf Seeschiffen, für die das Bundesministerium für Verkehr und digitale Infrastruktur nach § 10 des Flaggenrechtsgesetzes die Befugnis zur Führung der Bundesflagge lediglich für die erste Überführungsreise in einen anderen Hafen verliehen hat.

(4) Abschnitt 3 gilt nicht für Gasfüllanlagen, die Energieanlagen im Sinne des § 3 Nummer 15 des Energiewirtschaftsgesetzes sind und auf dem Betriebsgelände von Unternehmen der öffentlichen Gasversorgung von diesen errichtet und betrieben werden.

(5) Das Bundesministerium der Verteidigung kann Ausnahmen von den Vorschriften dieser Verordnung zulassen, wenn zwingende Gründe der Verteidigung oder die Erfüllung zwischenstaatlicher Verpflichtungen der Bundesrepublik Deutschland dies erfordern und die Sicherheit auf andere Weise gewährleistet ist.

-

§ 2 Begriffsbestimmungen

(1) Arbeitsmittel sind Werkzeuge, Geräte, Maschinen oder Anlagen, die für die

4

Arbeit verwendet werden, sowie überwachungsbedürftige Anlagen.
(2) Die Verwendung von Arbeitsmitteln umfasst jegliche Tätigkeit mit diesen. Hierzu gehören insbesondere das Montieren und Installieren, Bedienen, An- oder Abschalten oder Einstellen, Gebrauchen, Betreiben, Instandhalten, Reinigen, Prüfen, Umbauen, Erproben, Demontieren, Transportieren und Überwachen.
(3) Arbeitgeber ist, wer nach § 2 Absatz 3 des Arbeitsschutzgesetzes als solcher bestimmt ist. Dem Arbeitgeber steht gleich,

1.
   wer, ohne Arbeitgeber zu sein, zu gewerblichen oder wirtschaftlichen Zwecken eine überwachungsbedürftige Anlage verwendet, sowie
2.
   der Auftraggeber und der Zwischenmeister im Sinne des Heimarbeitsgesetzes.

(4) Beschäftigte sind Personen, die nach § 2 Absatz 2 des Arbeitsschutzgesetzes als solche bestimmt sind. Den Beschäftigten stehen folgende Personen gleich, sofern sie Arbeitsmittel verwenden:

1.
   Schülerinnen und Schüler sowie Studierende,
2.
   in Heimarbeit Beschäftigte nach § 1 Absatz 1 des Heimarbeitsgesetzes sowie
3.
   sonstige Personen, insbesondere Personen, die in wissenschaftlichen Einrichtungen tätig sind.

(5) Fachkundig ist, wer zur Ausübung einer in dieser Verordnung bestimmten Aufgabe über die erforderlichen Fachkenntnisse verfügt. Die Anforderungen an die Fachkunde sind abhängig von der jeweiligen Art der Aufgabe. Zu den Anforderungen zählen eine entsprechende Berufsausbildung, Berufserfahrung oder eine zeitnah ausgeübte entsprechende berufliche Tätigkeit. Die Fachkenntnisse sind durch Teilnahme an Schulungen auf aktuellem Stand zu halten.
(6) Zur Prüfung befähigte Person ist eine Person, die durch ihre Berufsausbildung, ihre Berufserfahrung und ihre zeitnahe berufliche Tätigkeit über die erforderlichen Kenntnisse zur Prüfung von Arbeitsmitteln verfügt; soweit hinsichtlich der Prüfung von Arbeitsmitteln in den Anhängen 2 und 3 weitergehende Anforderungen festgelegt sind, sind diese zu erfüllen.
(7) Instandhaltung ist die Gesamtheit aller Maßnahmen zur Erhaltung des sicheren Zustands oder der Rückführung in diesen. Instandhaltung umfasst insbesondere Inspektion, Wartung und Instandsetzung.
(8) Prüfung ist die Ermittlung des Istzustands, der Vergleich des Istzustands mit dem Sollzustand sowie die Bewertung der Abweichung des Istzustands vom Sollzustand.
(9) Prüfpflichtige Änderung ist jede Maßnahme, durch welche die Sicherheit eines Arbeitsmittels beeinflusst wird. Auch Instandsetzungsarbeiten können solche Maßnahmen sein.

5

(10) Stand der Technik ist der Entwicklungsstand fortschrittlicher Verfahren, Einrichtungen oder Betriebsweisen, der die praktische Eignung einer Maßnahme oder Vorgehensweise zum Schutz der Gesundheit und zur Sicherheit der Beschäftigten oder anderer Personen gesichert erscheinen lässt. Bei der Bestimmung des Stands der Technik sind insbesondere vergleichbare Verfahren, Einrichtungen oder Betriebsweisen heranzuziehen, die mit Erfolg in der Praxis erprobt worden sind.

(11) Gefahrenbereich ist der Bereich innerhalb oder im Umkreis eines Arbeitsmittels, in dem die Sicherheit oder die Gesundheit von Beschäftigten und anderen Personen durch die Verwendung des Arbeitsmittels gefährdet ist.

(12) Errichtung umfasst die Montage und Installation am Verwendungsort.

(13) Überwachungsbedürftige Anlagen sind Anlagen nach § 2 Nummer 30 des Produktsicherheitsgesetzes, soweit sie in Anhang 2 genannt sind.

(14) Zugelassene Überwachungsstellen sind die in Anhang 2 Abschnitt 1 genannten Stellen.

(15) Andere Personen sind Personen, die nicht Beschäftigte oder Gleichgestellte nach Absatz 4 sind und sich im Gefahrenbereich einer überwachungsbedürftigen Anlage innerhalb oder außerhalb eines Betriebsgeländes befinden.

Abschnitt 2
Gefährdungsbeurteilung und Schutzmaßnahmen

-

§ 3 Gefährdungsbeurteilung

(1) Der Arbeitgeber hat vor der Verwendung von Arbeitsmitteln die auftretenden Gefährdungen zu beurteilen (Gefährdungsbeurteilung) und daraus notwendige und geeignete Schutzmaßnahmen abzuleiten. Das Vorhandensein einer CE-Kennzeichnung am Arbeitsmittel entbindet nicht von der Pflicht zur Durchführung einer Gefährdungsbeurteilung. Für Aufzugsanlagen gilt Satz 1 nur, wenn sie von einem Arbeitgeber im Sinne des § 2 Absatz 3 Satz 1 verwendet werden.

(2) In die Beurteilung sind alle Gefährdungen einzubeziehen, die bei der Verwendung von Arbeitsmitteln ausgehen, und zwar von

1.
   den Arbeitsmitteln selbst,
2.
   der Arbeitsumgebung und
3.
   den Arbeitsgegenständen, an denen Tätigkeiten mit Arbeitsmitteln durchgeführt werden.

Bei der Gefährdungsbeurteilung ist insbesondere Folgendes zu berücksichtigen:

1.
   die Gebrauchstauglichkeit von Arbeitsmitteln einschließlich der ergonomischen, alters- und altersgerechten Gestaltung,

2.
    die sicherheitsrelevanten einschließlich der ergonomischen Zusammenhänge zwischen Arbeitsplatz, Arbeitsmittel, Arbeitsverfahren, Arbeitsorganisation, Arbeitsablauf, Arbeitszeit und Arbeitsaufgabe,

3.
    die physischen und psychischen Belastungen der Beschäftigten, die bei der Verwendung von Arbeitsmitteln auftreten,

4.
    vorhersehbare Betriebsstörungen und die Gefährdung bei Maßnahmen zu deren Beseitigung.

(3) Die Gefährdungsbeurteilung soll bereits vor der Auswahl und der Beschaffung der Arbeitsmittel begonnen werden. Dabei sind insbesondere die Eignung des Arbeitsmittels für die geplante Verwendung, die Arbeitsabläufe und die Arbeitsorganisation zu berücksichtigen. Die Gefährdungsbeurteilung darf nur von fachkundigen Personen durchgeführt werden. Verfügt der Arbeitgeber nicht selbst über die entsprechenden Kenntnisse, so hat er sich fachkundig beraten zu lassen.

(4) Der Arbeitgeber hat sich die Informationen zu beschaffen, die für die Gefährdungsbeurteilung notwendig sind. Dies sind insbesondere die nach § 21 Absatz 4 Nummer 1 bekannt gegebenen Regeln und Erkenntnisse, Gebrauchs- und Betriebsanleitungen sowie die ihm zugänglichen Erkenntnisse aus der arbeitsmedizinischen Vorsorge. Der Arbeitgeber darf diese Informationen übernehmen, sofern sie auf die Arbeitsmittel, Arbeitsbedingungen und Verfahren in seinem Betrieb anwendbar sind. Bei der Informationsbeschaffung kann der Arbeitgeber davon ausgehen, dass die vom Hersteller des Arbeitsmittels mitgelieferten Informationen zutreffend sind, es sei denn, dass er über andere Erkenntnisse verfügt.

(5) Der Arbeitgeber kann bei der Festlegung der Schutzmaßnahmen bereits vorhandene Gefährdungsbeurteilungen, hierzu gehören auch gleichwertige Unterlagen, die ihm der Hersteller oder Inverkehrbringer mitgeliefert hat, übernehmen, sofern die Angaben und Festlegungen in dieser Gefährdungsbeurteilung den Arbeitsmitteln einschließlich der Arbeitsbedingungen und -verfahren, im eigenen Betrieb entsprechen.

(6) Der Arbeitgeber hat Art und Umfang erforderlicher Prüfungen von Arbeitsmitteln sowie die Fristen von wiederkehrenden Prüfungen nach den §§ 14 und 16 zu ermitteln und festzulegen, soweit diese Verordnung nicht bereits entsprechende Vorgaben enthält. Satz 1 gilt auch für Aufzugsanlagen. Die Fristen für die wiederkehrenden Prüfungen sind so festzulegen, dass die Arbeitsmittel bis zur nächsten festgelegten Prüfung sicher verwendet werden können. Bei der Festlegung der Fristen für die wiederkehrenden Prüfungen nach § 14 Absatz 4 dürfen die in Anhang 3 Abschnitt 1 Nummer 3, Abschnitt 2 Nummer 4.1 Tabelle 1 und Abschnitt 3 Nummer 3.2 Tabelle 1 genannten Höchstfristen nicht überschritten werden. Bei der Festlegung der Fristen für die wiederkehrenden Prüfungen nach § 16 dürfen die in Anhang 2 Abschnitt 2 Nummer 4.1 und 4.3, Abschnitt 3 Nummer 5.1 bis 5.3 und Abschnitt 4 Nummer 5.8 in Verbindung mit Tabelle 1 genannten Höchstfristen nicht überschritten werden, es sei denn, dass in den genannten

Anhängen etwas anderes bestimmt ist. Ferner hat der Arbeitgeber zu ermitteln und festzulegen, welche Voraussetzungen die zur Prüfung befähigten Personen erfüllen müssen, die von ihm mit den Prüfungen von Arbeitsmitteln nach den §§ 14, 15 und 16 zu beauftragen sind.

(7) Die Gefährdungsbeurteilung ist regelmäßig zu überprüfen. Dabei ist der Stand der Technik zu berücksichtigen. Soweit erforderlich, sind die Schutzmaßnahmen bei der Verwendung von Arbeitsmitteln entsprechend anzupassen. Der Arbeitgeber hat die Gefährdungsbeurteilung unverzüglich zu aktualisieren, wenn

1.

   sicherheitsrelevante Veränderungen der Arbeitsbedingungen einschließlich der Änderung von Arbeitsmitteln dies erfordern,

2.

   neue Informationen, insbesondere Erkenntnisse aus dem Unfallgeschehen oder aus der arbeitsmedizinischen Vorsorge, vorliegen oder

3.

   die Prüfung der Wirksamkeit der Schutzmaßnahmen nach § 4 Absatz 5 ergeben hat, dass die festgelegten Schutzmaßnahmen nicht wirksam oder nicht ausreichend sind.

Ergibt die Überprüfung der Gefährdungsbeurteilung, dass keine Aktualisierung erforderlich ist, so hat der Arbeitgeber dies unter Angabe des Datums der Überprüfung in der Dokumentation nach Absatz 8 zu vermerken.

(8) Der Arbeitgeber hat das Ergebnis seiner Gefährdungsbeurteilung vor der erstmaligen Verwendung der Arbeitsmittel zu dokumentieren. Dabei sind mindestens anzugeben

1.

   die Gefährdungen, die bei der Verwendung der Arbeitsmittel auftreten,

2.

   die zu ergreifenden Schutzmaßnahmen,

3.

   wie die Anforderungen dieser Verordnung eingehalten werden, wenn von den nach § 21 Absatz 4 Nummer 1 bekannt gegebenen Regeln und Erkenntnissen abgewichen wird,

4.

   Art und Umfang der erforderlichen Prüfungen sowie die Fristen der wiederkehrenden Prüfungen (Absatz 6 Satz 1) und

5.

   das Ergebnis der Überprüfung der Wirksamkeit der Schutzmaßnahmen nach § 4 Absatz 5.

Die Dokumentation kann auch in elektronischer Form vorgenommen werden.

(9) Sofern der Arbeitgeber von § 7 Absatz 1 Gebrauch macht und die Gefährdungsbeurteilung ergibt, dass die Voraussetzungen nach § 7 Absatz 1 vorliegen, ist eine Dokumentation dieser Voraussetzungen und der gegebenenfalls getroffenen Schutzmaßnahmen ausreichend.

-

§ 4 Grundpflichten des Arbeitgebers

(1) Arbeitsmittel dürfen erst verwendet werden, nachdem der Arbeitgeber

1.
   eine Gefährdungsbeurteilung durchgeführt hat,
2.
   die dabei ermittelten Schutzmaßnahmen nach dem Stand der Technik getroffen hat und
3.
   festgestellt hat, dass die Verwendung der Arbeitsmittel nach dem Stand der Technik sicher ist.

(2) Ergibt sich aus der Gefährdungsbeurteilung, dass Gefährdungen durch technische Schutzmaßnahmen nach dem Stand der Technik nicht oder nur unzureichend vermieden werden können, hat der Arbeitgeber geeignete organisatorische und personenbezogene Schutzmaßnahmen zu treffen. Technische Schutzmaßnahmen haben Vorrang vor organisatorischen, diese haben wiederum Vorrang vor personenbezogenen Schutzmaßnahmen. Die Verwendung persönlicher Schutzausrüstung ist für jeden Beschäftigten auf das erforderliche Minimum zu beschränken.

(3) Bei der Festlegung der Schutzmaßnahmen hat der Arbeitgeber die Vorschriften dieser Verordnung einschließlich der Anhänge zu beachten und die nach § 21 Absatz 4 Nummer 1 bekannt gegebenen Regeln und Erkenntnisse zu berücksichtigen. Bei Einhaltung dieser Regeln und Erkenntnisse ist davon auszugehen, dass die in dieser Verordnung gestellten Anforderungen erfüllt sind. Von den Regeln und Erkenntnissen kann abgewichen werden, wenn Sicherheit und Gesundheit durch andere Maßnahmen zumindest in vergleichbarer Weise gewährleistet werden.

(4) Der Arbeitgeber hat dafür zu sorgen, dass Arbeitsmittel, für die in § 14 und im Abschnitt 3 dieser Verordnung Prüfungen vorgeschrieben sind, nur verwendet werden, wenn diese Prüfungen durchgeführt und dokumentiert wurden.

(5) Der Arbeitgeber hat die Wirksamkeit der Schutzmaßnahmen vor der erstmaligen Verwendung der Arbeitsmittel zu überprüfen. Satz 1 gilt nicht, soweit entsprechende Prüfungen nach § 14 oder § 15 durchgeführt wurden. Der Arbeitgeber hat weiterhin dafür zu sorgen, dass Arbeitsmittel vor ihrer jeweiligen Verwendung durch Inaugenscheinnahme und erforderlichenfalls durch eine Funktionskontrolle auf offensichtliche Mängel kontrolliert werden und Schutz- und Sicherheitseinrichtungen einer regelmäßigen Funktionskontrolle unterzogen werden. Satz 3 gilt auch bei Arbeitsmitteln, für die wiederkehrende Prüfungen nach § 14 oder § 16 vorgeschrieben sind.

(6) Der Arbeitgeber hat die Belange des Arbeitsschutzes in Bezug auf die Verwendung von Arbeitsmitteln angemessen in seine betriebliche Organisation einzubinden und hierfür die erforderlichen personellen, finanziellen und organisatorischen Voraussetzungen zu schaffen. Insbesondere hat er dafür zu sorgen, dass bei der Gestaltung der Arbeitsorganisation, des Arbeitsverfahrens und des Arbeitsplatzes sowie bei der Auswahl und beim Zur-Verfügung-Stellen der

9

Arbeitsmittel alle mit der Sicherheit und Gesundheit der Beschäftigten zusammenhängenden Faktoren, einschließlich der psychischen, ausreichend berücksichtigt werden.

-

§ 5 Anforderungen an die zur Verfügung gestellten Arbeitsmittel

(1) Der Arbeitgeber darf nur solche Arbeitsmittel zur Verfügung stellen und verwenden lassen, die unter Berücksichtigung der vorgesehenen Einsatzbedingungen bei der Verwendung sicher sind. Die Arbeitsmittel müssen

1. für die Art der auszuführenden Arbeiten geeignet sein,

2. den gegebenen Einsatzbedingungen und den vorhersehbaren Beanspruchungen angepasst sein und

3. über die erforderlichen sicherheitsrelevanten Ausrüstungen verfügen, sodass eine Gefährdung durch ihre Verwendung so gering wie möglich gehalten wird. Kann durch Maßnahmen nach den Sätzen 1 und 2 die Sicherheit und Gesundheit nicht gewährleistet werden, so hat der Arbeitgeber andere geeignete Schutzmaßnahmen zu treffen, um die Gefährdung so weit wie möglich zu reduzieren.

(2) Der Arbeitgeber darf Arbeitsmittel nicht zur Verfügung stellen und verwenden lassen, wenn sie Mängel aufweisen, welche die sichere Verwendung beeinträchtigen.

(3) Der Arbeitgeber darf nur solche Arbeitsmittel zur Verfügung stellen und verwenden lassen, die den für sie geltenden Rechtsvorschriften über Sicherheit und Gesundheitsschutz entsprechen. Zu diesen Rechtsvorschriften gehören neben den Vorschriften dieser Verordnung insbesondere Rechtsvorschriften, mit denen Gemeinschaftsrichtlinien in deutsches Recht umgesetzt wurden und die für die Arbeitsmittel zum Zeitpunkt des Bereitstellens auf dem Markt gelten. Arbeitsmittel, die der Arbeitgeber für eigene Zwecke selbst hergestellt hat, müssen den grundlegenden Sicherheitsanforderungen der anzuwendenden Gemeinschaftsrichtlinien entsprechen. Den formalen Anforderungen dieser Richtlinien brauchen sie nicht zu entsprechen, es sei denn, es ist in der jeweiligen Richtlinie ausdrücklich anders bestimmt.

(4) Der Arbeitgeber hat dafür zu sorgen, dass Beschäftigte nur die Arbeitsmittel verwenden, die er ihnen zur Verfügung gestellt hat oder deren Verwendung er ihnen ausdrücklich gestattet hat.

-

§ 6 Grundlegende Schutzmaßnahmen bei der Verwendung von Arbeitsmitteln

(1) Der Arbeitgeber hat dafür zu sorgen, dass die Arbeitsmittel sicher verwendet

und dabei die Grundsätze der Ergonomie beachtet werden. Dabei ist Anhang 1 zu beachten. Die Verwendung der Arbeitsmittel ist so zu gestalten und zu organisieren, dass Belastungen und Fehlbeanspruchungen, die die Gesundheit und die Sicherheit der Beschäftigten gefährden können, vermieden oder, wenn dies nicht möglich ist, auf ein Mindestmaß reduziert werden. Der Arbeitgeber hat darauf zu achten, dass die Beschäftigten in der Lage sind, die Arbeitsmittel zu verwenden, ohne sich oder andere Personen zu gefährden. Insbesondere sind folgende Grundsätze einer menschengerechten Gestaltung der Arbeit zu berücksichtigen:

1.
   die Arbeitsmittel einschließlich ihrer Schnittstelle zum Menschen müssen an die körperlichen Eigenschaften und die Kompetenz der Beschäftigten angepasst sein sowie biomechanische Belastungen bei der Verwendung vermieden sein. Zu berücksichtigen sind hierbei die Arbeitsumgebung, die Lage der Zugriffstellen und des Schwerpunktes des Arbeitsmittels, die erforderliche Körperhaltung, die Körperbewegung, die Entfernung zum Körper, die benötigte persönliche Schutzausrüstung sowie die psychische Belastung der Beschäftigten,

2.
   die Beschäftigten müssen über einen ausreichenden Bewegungsfreiraum verfügen,

3.
   es sind ein Arbeitstempo und ein Arbeitsrhythmus zu vermeiden, die zu Gefährdungen der Beschäftigten führen können,

4.
   es sind Bedien- und Überwachungstätigkeiten zu vermeiden, die eine uneingeschränkte und dauernde Aufmerksamkeit erfordern.

(2) Der Arbeitgeber hat dafür zu sorgen, dass vorhandene Schutzeinrichtungen und zur Verfügung gestellte persönliche Schutzausrüstungen verwendet werden, dass erforderliche Schutz- oder Sicherheitseinrichtungen funktionsfähig sind und nicht auf einfache Weise manipuliert oder umgangen werden. Der Arbeitgeber hat ferner durch geeignete Maßnahmen dafür zu sorgen, dass Beschäftigte bei der Verwendung der Arbeitsmittel die nach § 12 erhaltenen Informationen sowie Kennzeichnungen und Gefahrenhinweise beachten.

(3) Der Arbeitgeber hat dafür zu sorgen, dass

1.
   die Errichtung von Arbeitsmitteln, der Auf- und Abbau, die Erprobung sowie die Instandhaltung und Prüfung von Arbeitsmitteln unter Berücksichtigung der sicherheitsrelevanten Aufstellungs- und Umgebungsbedingungen nach dem Stand der Technik erfolgen und sicher durchgeführt werden,

2.
   erforderliche Sicherheits- und Schutzabstände eingehalten werden und

3.
   alle verwendeten oder erzeugten Energieformen und Materialien sicher zu-

11

und abgeführt werden können.
Werden Arbeitsmittel im Freien verwendet, hat der Arbeitgeber dafür zu sorgen, dass die sichere Verwendung der Arbeitsmittel ungeachtet der Witterungsverhältnisse stets gewährleistet ist.

–

§ 7 Vereinfachte Vorgehensweise bei der Verwendung von Arbeitsmitteln

(1) Der Arbeitgeber kann auf weitere Maßnahmen nach den §§ 8 und 9 verzichten, wenn sich aus der Gefährdungsbeurteilung ergibt, dass

1.
   die Arbeitsmittel mindestens den sicherheitstechnischen Anforderungen der für sie zum Zeitpunkt der Verwendung geltenden Rechtsvorschriften zum Bereitstellen von Arbeitsmitteln auf dem Markt entsprechen,
2.
   die Arbeitsmittel ausschließlich bestimmungsgemäß entsprechend den Vorgaben des Herstellers verwendet werden,
3.
   keine zusätzlichen Gefährdungen der Beschäftigten unter Berücksichtigung der Arbeitsumgebung, der Arbeitsgegenstände, der Arbeitsabläufe sowie der Dauer und der zeitlichen Lage der Arbeitszeit auftreten und
4.
   Instandhaltungsmaßnahmen nach § 10 getroffen und Prüfungen nach § 14 durchgeführt werden.

(2) Absatz 1 gilt nicht für überwachungsbedürftige Anlagen und die in Anhang 3 genannten Arbeitsmittel.

–

§ 8 Schutzmaßnahmen bei Gefährdungen durch Energien, Ingangsetzen und Stillsetzen

(1) Der Arbeitgeber darf nur solche Arbeitsmittel verwenden lassen, die gegen Gefährdungen ausgelegt sind durch

1.
   die von ihnen ausgehenden oder verwendeten Energien,
2.
   direktes oder indirektes Berühren von Teilen, die unter elektrischer Spannung stehen, oder
3.
   Störungen ihrer Energieversorgung.

Die Arbeitsmittel müssen ferner so gestaltet sein, dass eine gefährliche elektrostatische Aufladung vermieden oder begrenzt wird. Ist dies nicht möglich, müssen sie mit Einrichtungen zum Ableiten solcher Aufladungen ausgestattet sein.

12

(2) Der Arbeitgeber hat dafür zu sorgen, dass Arbeitsmittel mit den sicherheitstechnisch erforderlichen Mess-, Steuer- und Regeleinrichtungen ausgestattet sind, damit sie sicher und zuverlässig verwendet werden können.

(3) Befehlseinrichtungen, die Einfluss auf die sichere Verwendung der Arbeitsmittel haben, müssen insbesondere

1.

   als solche deutlich erkennbar, außerhalb des Gefahrenbereichs angeordnet und leicht und ohne Gefährdung erreichbar sein; ihre Betätigung darf zu keiner zusätzlichen Gefährdung führen,

2.

   sicher beschaffen und auf vorhersehbare Störungen, Beanspruchungen und Zwänge ausgelegt sein,

3.

   gegen unbeabsichtigtes oder unbefugtes Betätigen gesichert sein.

(4) Arbeitsmittel dürfen nur absichtlich in Gang gesetzt werden können. Soweit erforderlich, muss das Ingangsetzen sicher verhindert werden können oder müssen sich die Beschäftigten Gefährdungen durch das in Gang gesetzte Arbeitsmittel rechtzeitig entziehen können. Hierbei und bei Änderungen des Betriebszustands muss auch die Sicherheit im Gefahrenbereich durch geeignete Maßnahmen gewährleistet werden.

(5) Vom Standort der Bedienung des Arbeitsmittels aus muss dieses als Ganzes oder in Teilen so stillgesetzt und von jeder einzelnen Energiequelle dauerhaft sicher getrennt werden können, dass ein sicherer Zustand gewährleistet ist. Die hierfür vorgesehenen Befehlseinrichtungen müssen leicht und ungehindert erreichbar und deutlich erkennbar gekennzeichnet sein. Der Befehl zum Stillsetzen eines Arbeitsmittels muss gegenüber dem Befehl zum Ingangsetzen Vorrang haben. Können bei Arbeitsmitteln, die über Systeme mit Speicherwirkung verfügen, nach dem Trennen von jeder Energiequelle nach Satz 1 noch Energien gespeichert sein, so müssen Einrichtungen vorhanden sein, mit denen diese Systeme energiefrei gemacht werden können. Diese Einrichtungen müssen gekennzeichnet sein. Ist ein vollständiges Energiefreimachen nicht möglich, müssen an den Arbeitsmitteln entsprechende Gefahrenhinweise vorhanden sein.

(6) Kraftbetriebene Arbeitsmittel müssen mit einer schnell erreichbaren und auffällig gekennzeichneten Notbefehlseinrichtung zum sicheren Stillsetzen des gesamten Arbeitsmittels ausgerüstet sein, mit der Gefahr bringende Bewegungen oder Prozesse ohne zusätzliche Gefährdungen unverzüglich stillgesetzt werden können. Auf eine Notbefehlseinrichtung kann verzichtet werden, wenn sie die Gefährdung nicht mindern würde; in diesem Fall ist die Sicherheit auf andere Weise zu gewährleisten. Vom jeweiligen Bedienungsort des Arbeitsmittels aus muss feststellbar sein, ob sich Personen oder Hindernisse im Gefahrenbereich befinden, oder dem Ingangsetzen muss ein automatisch ansprechendes Sicherheitssystem vorgeschaltet sein, das das Ingangsetzen verhindert, solange sich Beschäftigte im Gefahrenbereich aufhalten. Ist dies nicht möglich, müssen ausreichende Möglichkeiten zur Verständigung und Warnung vor dem Ingangsetzen vorhanden sein. Soweit erforderlich, muss das Ingangsetzen sicher

13

verhindert werden können, oder die Beschäftigten müssen sich Gefährdungen durch das in Gang gesetzte Arbeitsmittel rechtzeitig entziehen können.

-

§ 9 Weitere Schutzmaßnahmen bei der Verwendung von Arbeitsmitteln

(1) Der Arbeitgeber hat dafür zu sorgen, dass Arbeitsmittel unter Berücksichtigung der zu erwartenden Betriebsbedingungen so verwendet werden, dass Beschäftigte gegen vorhersehbare Gefährdungen ausreichend geschützt sind. Insbesondere müssen

1.

Arbeitsmittel ausreichend standsicher sein und, falls erforderlich, gegen unbeabsichtigte Positions- und Lageänderungen stabilisiert werden,

2.

Arbeitsmittel mit den erforderlichen sicherheitstechnischen Ausrüstungen versehen sein,

3.

Arbeitsmittel, ihre Teile und die Verbindungen untereinander den Belastungen aus inneren und äußeren Kräften standhalten,

4.

Schutzeinrichtungen bei Splitter- oder Bruchgefahr sowie gegen herabfallende oder herausschleudernde Gegenstände vorhanden sein,

5.

sichere Zugänge zu Arbeitsplätzen an und in Arbeitsmitteln gewährleistet und ein gefahrloser Aufenthalt dort möglich sein,

6.

Schutzmaßnahmen getroffen werden, die sowohl einen Absturz von Beschäftigten als auch von Arbeitsmitteln sicher verhindern,

7.

Maßnahmen getroffen werden, damit Personen nicht unbeabsichtigt in Arbeitsmitteln eingeschlossen werden; im Notfall müssen eingeschlossene Personen aus Arbeitsmitteln in angemessener Zeit befreit werden können,

8.

Schutzmaßnahmen gegen Gefährdungen durch bewegliche Teile von Arbeitsmitteln und gegen Blockaden solcher Teile getroffen werden; hierzu gehören auch Maßnahmen, die den unbeabsichtigten Zugang zum Gefahrenbereich von beweglichen Teilen von Arbeitsmitteln verhindern oder die bewegliche Teile vor dem Erreichen des Gefahrenbereichs stillsetzen,

9.

Maßnahmen getroffen werden, die verhindern, dass die sichere Verwendung der Arbeitsmittel durch äußere Einwirkungen beeinträchtigt wird,

10.

Leitungen so verlegt sein, dass Gefährdungen vermieden werden, und

11.

14

Maßnahmen getroffen werden, die verhindern, dass außer Betrieb gesetzte Arbeitsmittel zu Gefährdungen führen.

(2) Der Arbeitgeber hat Schutzmaßnahmen gegen Gefährdungen durch heiße oder kalte Teile, scharfe Ecken und Kanten und raue Oberflächen von Arbeitsmitteln zu treffen.

(3) Der Arbeitgeber hat weiterhin dafür zu sorgen, dass Schutzeinrichtungen

1. einen ausreichenden Schutz gegen Gefährdungen bieten,

2. stabil gebaut sind,

3. sicher in Position gehalten werden,

4. die Eingriffe, die für den Einbau oder den Austausch von Teilen sowie für Instandhaltungsarbeiten erforderlich sind, möglichst ohne Demontage der Schutzeinrichtungen zulassen,

5. keine zusätzlichen Gefährdungen verursachen,

6. nicht auf einfache Weise umgangen oder unwirksam gemacht werden können und

7. die Beobachtung und Durchführung des Arbeitszyklus nicht mehr als notwendig einschränken.

(4) Werden Arbeitsmittel in Bereichen mit gefährlicher explosionsfähiger Atmosphäre verwendet oder kommt es durch deren Verwendung zur Bildung gefährlicher explosionsfähiger Atmosphäre, müssen unter Beachtung der Gefahrstoffverordnung die erforderlichen Schutzmaßnahmen getroffen werden, insbesondere sind die für die jeweilige Zone geeigneten Geräte und Schutzsysteme im Sinne der Richtlinie 2014/34/EU des Europäischen Parlaments und des Rates vom 26. Februar 2014 zur Harmonisierung der Rechtsvorschriften der Mitgliedstaaten für Geräte und Schutzsysteme zur bestimmungsgemäßen Verwendung in explosionsgefährdeten Bereichen (ABl. L 96 vom 29.3.2014, S. 309) einzusetzen. Diese Schutzmaßnahmen sind vor der erstmaligen Verwendung der Arbeitsmittel im Explosionsschutzdokument nach § 6 Absatz 8 der Gefahrstoffverordnung zu dokumentieren.

(5) Soweit nach der Gefährdungsbeurteilung erforderlich, müssen an Arbeitsmitteln oder in deren Gefahrenbereich ausreichende, verständliche und gut wahrnehmbare Sicherheitskennzeichnungen und Gefahrenhinweise sowie Einrichtungen zur angemessenen, unmissverständlichen und leicht wahrnehmbaren Warnung im Gefahrenfall vorhanden sein.

-

15

§ 10 Instandhaltung und Änderung von Arbeitsmitteln

(1) Der Arbeitgeber hat Instandhaltungsmaßnahmen zu treffen, damit die Arbeitsmittel während der gesamten Verwendungsdauer den für sie geltenden Sicherheits- und Gesundheitsschutzanforderungen entsprechen und in einem sicheren Zustand erhalten werden. Dabei sind die Angaben des Herstellers zu berücksichtigen. Notwendige Instandhaltungsmaßnahmen nach Satz 1 sind unverzüglich durchzuführen und die dabei erforderlichen Schutzmaßnahmen zu treffen.

(2) Der Arbeitgeber hat Instandhaltungsmaßnahmen auf der Grundlage einer Gefährdungsbeurteilung sicher durchführen zu lassen und dabei die Betriebsanleitung des Herstellers zu berücksichtigen. Instandhaltungsmaßnahmen dürfen nur von fachkundigen, beauftragten und unterwiesenen Beschäftigten oder von sonstigen für die Durchführung der Instandhaltungsarbeiten geeigneten Auftragnehmern mit vergleichbarer Qualifikation durchgeführt werden.

(3) Der Arbeitgeber hat alle erforderlichen Maßnahmen zu treffen, damit Instandhaltungsarbeiten sicher durchgeführt werden können. Dabei hat er insbesondere

1.
    die Verantwortlichkeiten für die Durchführung der erforderlichen Sicherungsmaßnahmen festzulegen,

2.
    eine ausreichende Kommunikation zwischen Bedien- und Instandhaltungspersonal sicherzustellen,

3.
    den Arbeitsbereich während der Instandhaltungsarbeiten abzusichern,

4.
    das Betreten des Arbeitsbereichs durch Unbefugte zu verhindern, soweit das nach der Gefährdungsbeurteilung erforderlich ist,

5.
    sichere Zugänge für das Instandhaltungspersonal vorzusehen,

6.
    Gefährdungen durch bewegte oder angehobene Arbeitsmittel oder deren Teile sowie durch gefährliche Energien oder Stoffe zu vermeiden,

7.
    dafür zu sorgen, dass Einrichtungen vorhanden sind, mit denen Energien beseitigt werden können, die nach einer Trennung des instand zu haltenden Arbeitsmittels von Energiequellen noch gespeichert sind; diese Einrichtungen sind entsprechend zu kennzeichnen,

8.
    sichere Arbeitsverfahren für solche Arbeitsbedingungen festzulegen, die vom Normalzustand abweichen,

9.
    erforderliche Warn- und Gefahrenhinweise bezogen auf Instandhaltungsarbeiten an den Arbeitsmitteln zur Verfügung zu stellen,

10.
dafür zu sorgen, dass nur geeignete Geräte und Werkzeuge und eine geeignete persönliche Schutzausrüstung verwendet werden,
11.
bei Auftreten oder Bildung gefährlicher explosionsfähiger Atmosphäre Schutzmaßnahmen entsprechend § 9 Absatz 4 Satz 1 zu treffen,
12.
Systeme für die Freigabe bestimmter Arbeiten anzuwenden.
(4) Werden bei Instandhaltungsmaßnahmen an Arbeitsmitteln die für den Normalbetrieb getroffenen technischen Schutzmaßnahmen ganz oder teilweise außer Betrieb gesetzt oder müssen solche Arbeiten unter Gefährdung durch Energie durchgeführt werden, so ist die Sicherheit der Beschäftigten während der Dauer dieser Arbeiten durch andere geeignete Maßnahmen zu gewährleisten.
(5) Werden Änderungen an Arbeitsmitteln durchgeführt, gelten die Absätze 1 bis 3 entsprechend. Der Arbeitgeber hat sicherzustellen, dass die geänderten Arbeitsmittel die Sicherheits- und Gesundheitsschutzanforderungen nach § 5 Absatz 1 und 2 erfüllen. Bei Änderungen von Arbeitsmitteln hat der Arbeitgeber zu beurteilen, ob es sich um prüfpflichtige Änderungen handelt. Er hat auch zu beurteilen, ob er bei den Änderungen an Arbeitsmitteln Herstellerpflichten zu beachten hat, die sich aus anderen Rechtsvorschriften, insbesondere dem Produktsicherheitsgesetz oder einer Verordnung nach § 8 Absatz 1 des Produktsicherheitsgesetzes ergeben.
-

§ 11 Besondere Betriebszustände, Betriebsstörungen und Unfälle

(1) Der Arbeitgeber hat Maßnahmen zu ergreifen, durch die unzulässige oder instabile Betriebszustände von Arbeitsmitteln verhindert werden. Können instabile Zustände nicht sicher verhindert werden, hat der Arbeitgeber Maßnahmen zu ihrer Beherrschung zu treffen. Die Sätze 1 und 2 gelten insbesondere für An- und Abfahr- sowie Erprobungsvorgänge.
(2) Der Arbeitgeber hat dafür zu sorgen, dass Beschäftigte und andere Personen bei einem Unfall oder bei einem Notfall unverzüglich gerettet und ärztlich versorgt werden können. Dies schließt die Bereitstellung geeigneter Zugänge zu den Arbeitsmitteln und in diese sowie die Bereitstellung erforderlicher Befestigungsmöglichkeiten für Rettungseinrichtungen an und in den Arbeitsmitteln ein. Im Notfall müssen Zugangssperren gefahrlos selbsttätig in einen sicheren Bereich öffnen. Ist dies nicht möglich, müssen Zugangssperren über eine Notentriegelung leicht zu öffnen sein, wobei an der Notentriegelung und an der Zugangssperre auf die noch bestehenden Gefahren besonders hingewiesen werden muss. Besteht die Möglichkeit, in ein Arbeitsmittel eingezogen zu werden, muss die Rettung eingezogener Personen möglich sein.
(3) Der Arbeitgeber hat dafür zu sorgen, dass die notwendigen Informationen über Maßnahmen bei Notfällen zur Verfügung stehen. Die Informationen müssen auch Rettungsdiensten zur Verfügung stehen, soweit sie für Rettungseinsätze benötigt

werden. Zu den Informationen zählen:

1.

    eine Vorabmitteilung über einschlägige Gefährdungen bei der Arbeit, über Maßnahmen zur Feststellung von Gefährdungen sowie über Vorsichtsmaßregeln und Verfahren, damit die Rettungsdienste ihre eigenen Abhilfe- und Sicherheitsmaßnahmen vorbereiten können,

2.

    Informationen über einschlägige und spezifische Gefährdungen, die bei einem Unfall oder Notfall auftreten können, einschließlich der Informationen über die Maßnahmen nach den Absätzen 1 und 2.

Treten durch besondere Betriebszustände oder Betriebsstörungen Gefährdungen auf, hat der Arbeitgeber dafür zu sorgen, dass dies durch Warneinrichtungen angezeigt wird.

(4) Werden bei Rüst-, Einrichtungs- und Erprobungsarbeiten oder vergleichbaren Arbeiten an Arbeitsmitteln die für den Normalbetrieb getroffenen technischen Schutzmaßnahmen ganz oder teilweise außer Betrieb gesetzt oder müssen solche Arbeiten unter Gefährdung durch Energie durchgeführt werden, so ist die Sicherheit der Beschäftigten während der Dauer dieser Arbeiten durch andere geeignete Maßnahmen zu gewährleisten. Die Arbeiten nach Satz 1 dürfen nur von fachkundigen Personen durchgeführt werden.

(5) Insbesondere bei Rüst- und Einrichtungsarbeiten, der Erprobung und der Prüfung von Arbeitsmitteln sowie bei der Fehlersuche sind Gefahrenbereiche festzulegen. Ist ein Aufenthalt im Gefahrenbereich von Arbeitsmitteln erforderlich, sind auf der Grundlage der Gefährdungsbeurteilung weitere Maßnahmen zu treffen, welche die Sicherheit der Beschäftigten gewährleisten.

-

§ 12 Unterweisung und besondere Beauftragung von Beschäftigten

(1) Bevor Beschäftigte Arbeitsmittel erstmalig verwenden, hat der Arbeitgeber ihnen ausreichende und angemessene Informationen anhand der Gefährdungsbeurteilung in einer für die Beschäftigten verständlichen Form und Sprache zur Verfügung zu stellen über

1.

    vorhandene Gefährdungen bei der Verwendung von Arbeitsmitteln einschließlich damit verbundener Gefährdungen durch die Arbeitsumgebung,

2.

    erforderliche Schutzmaßnahmen und Verhaltensregelungen und

3.

    Maßnahmen bei Betriebsstörungen, Unfällen und zur Ersten Hilfe bei Notfällen.

Der Arbeitgeber hat die Beschäftigten vor Aufnahme der Verwendung von Arbeitsmitteln tätigkeitsbezogen anhand der Informationen nach Satz 1 zu unterweisen. Danach hat er in regelmäßigen Abständen, mindestens jedoch einmal jährlich, weitere Unterweisungen durchzuführen. Das Datum einer jeden Unterweisung und die Namen der Unterwiesenen hat er schriftlich festzuhalten.

(2) Bevor Beschäftigte Arbeitsmittel erstmalig verwenden, hat der Arbeitgeber ihnen eine schriftliche Betriebsanweisung für die Verwendung eines Arbeitsmittels zur Verfügung zu stellen. Satz 1 gilt nicht für einfache Arbeitsmittel, für die nach § 3 Absatz 4 des Produktsicherheitsgesetzes nach den Vorschriften zum Bereitstellen auf dem Markt eine Gebrauchsanleitung nicht mitgeliefert werden muss. Anstelle einer Betriebsanweisung kann der Arbeitgeber auch eine mitgelieferte Gebrauchsanleitung zur Verfügung stellen, wenn diese Informationen enthält, die einer Betriebsanweisung entsprechen. Die Betriebsanweisung oder die Gebrauchsanleitung muss in einer für die Beschäftigten verständlichen Form und Sprache abgefasst sein und den Beschäftigten an geeigneter Stelle zur Verfügung stehen. Die Betriebsanweisung oder Bedienungsanleitung ist auch bei der regelmäßig wiederkehrenden Unterweisung nach § 12 des Arbeitsschutzgesetzes in Bezug zu nehmen. Die Betriebsanweisungen müssen bei sicherheitsrelevanten Änderungen der Arbeitsbedingungen aktualisiert werden.

(3) Ist die Verwendung von Arbeitsmitteln mit besonderen Gefährdungen verbunden, hat der Arbeitgeber dafür zu sorgen, dass diese nur von hierzu beauftragten Beschäftigten verwendet werden.

-

§ 13 Zusammenarbeit verschiedener Arbeitgeber

(1) Beabsichtigt der Arbeitgeber, in seinem Betrieb Arbeiten durch eine betriebsfremde Person (Auftragnehmer) durchführen zu lassen, so darf er dafür nur solche Auftragnehmer heranziehen, die über die für die geplanten Arbeiten erforderliche Fachkunde verfügen. Der Arbeitgeber als Auftraggeber hat die Auftragnehmer, die ihrerseits Arbeitgeber sind, über die von seinen Arbeitsmitteln ausgehenden Gefährdungen und über spezifische Verhaltensregeln zu informieren. Der Auftragnehmer hat den Auftraggeber und andere Arbeitgeber über Gefährdungen durch seine Arbeiten für Beschäftigte des Auftraggebers und anderer Arbeitgeber zu informieren.

(2) Kann eine Gefährdung von Beschäftigten anderer Arbeitgeber nicht ausgeschlossen werden, so haben alle betroffenen Arbeitgeber bei ihren Gefährdungsbeurteilungen zusammenzuwirken und die Schutzmaßnahmen so abzustimmen und durchzuführen, dass diese wirksam sind. Jeder Arbeitgeber ist dafür verantwortlich, dass seine Beschäftigten die gemeinsam festgelegten Schutzmaßnahmen anwenden.

(3) Besteht bei der Verwendung von Arbeitsmitteln eine erhöhte Gefährdung von Beschäftigten anderer Arbeitgeber, ist für die Abstimmung der jeweils erforderlichen Schutzmaßnahmen durch die beteiligten Arbeitgeber ein Koordinator/eine Koordinatorin schriftlich zu bestellen. Sofern aufgrund anderer Arbeitsschutzvorschriften bereits ein Koordinator/eine Koordinatorin bestellt ist, kann dieser/diese auch die Koordinationsaufgaben nach dieser Verordnung

übernehmen. Dem Koordinator/der Koordinatorin sind von den beteiligten Arbeitgebern alle erforderlichen sicherheitsrelevanten Informationen sowie Informationen zu den festgelegten Schutzmaßnahmen zur Verfügung zu stellen. Die Bestellung eines Koordinators/einer Koordinatorin entbindet die Arbeitgeber nicht von ihrer Verantwortung nach dieser Verordnung.

-

§ 14 Prüfung von Arbeitsmitteln

(1) Der Arbeitgeber hat Arbeitsmittel, deren Sicherheit von den Montagebedingungen abhängt, vor der erstmaligen Verwendung von einer zur Prüfung befähigten Person prüfen zu lassen. Die Prüfung umfasst Folgendes:

1.

die Kontrolle der vorschriftsmäßigen Montage oder Installation und der sicheren Funktion dieser Arbeitsmittel,

2.

die rechtzeitige Feststellung von Schäden,

3.

die Feststellung, ob die getroffenen sicherheitstechnischen Maßnahmen wirksam sind.

Prüfinhalte, die im Rahmen eines Konformitätsbewertungsverfahrens geprüft und dokumentiert wurden, müssen nicht erneut geprüft werden. Die Prüfung muss vor jeder Inbetriebnahme nach einer Montage stattfinden.

(2) Arbeitsmittel, die Schäden verursachenden Einflüssen ausgesetzt sind, die zu Gefährdungen der Beschäftigten führen können, hat der Arbeitgeber wiederkehrend von einer zur Prüfung befähigten Person prüfen zu lassen. Die Prüfung muss entsprechend den nach § 3 Absatz 6 ermittelten Fristen stattfinden. Ergibt die Prüfung, dass die Anlage nicht bis zu der nach § 3 Absatz 6 ermittelten nächsten wiederkehrenden Prüfung sicher betrieben werden kann, ist die Prüffrist neu festzulegen.

(3) Arbeitsmittel, die von Änderungen oder außergewöhnlichen Ereignissen betroffen sind, die schädigende Auswirkungen auf ihre Sicherheit haben können, durch die Beschäftigte gefährdet werden können, hat der Arbeitgeber unverzüglich einer außerordentlichen Prüfung durch eine zur Prüfung befähigte Person unterziehen zu lassen. Außergewöhnliche Ereignisse können insbesondere Unfälle, längere Zeiträume der Nichtverwendung der Arbeitsmittel oder Naturereignisse sein.

(4) Die in Anhang 3 genannten Arbeitsmittel hat der Arbeitgeber auf ihren sicheren Zustand und auf ihre sichere Funktion umfassend prüfen zu lassen:

1.

vor ihrer erstmaligen Inbetriebnahme,

2.

vor Wiederinbetriebnahme nach prüfpflichtigen Änderungen und

3.

20

wiederkehrend nach Maßgabe der in Anhang 3 genannten Vorgaben. Absatz 2 Satz 3 gilt entsprechend. Bei der Prüfung vor der erstmaligen Inbetriebnahme müssen Prüfinhalte, die im Rahmen eines Konformitätsbewertungsverfahrens geprüft und dokumentiert wurden, nicht erneut geprüft werden.

(5) Der Fälligkeitstermin von wiederkehrenden Prüfungen wird jeweils mit dem Monat und dem Jahr angegeben. Die Frist für die nächste wiederkehrende Prüfung beginnt mit dem Fälligkeitstermin der letzten Prüfung. Wird eine Prüfung vor dem Fälligkeitstermin durchgeführt, beginnt die Frist für die nächste Prüfung mit dem Monat und Jahr der Durchführung. Für Arbeitsmittel mit einer Prüffrist von mehr als zwei Jahren gilt Satz 3 nur, wenn die Prüfung mehr als zwei Monate vor dem Fälligkeitstermin durchgeführt wird. Ist ein Arbeitsmittel zum Fälligkeitstermin der wiederkehrenden Prüfung außer Betrieb gesetzt, so darf es erst wieder in Betrieb genommen werden, nachdem diese Prüfung durchgeführt worden ist; in diesem Fall beginnt die Frist für die nächste wiederkehrende Prüfung mit dem Termin der Prüfung. Eine wiederkehrende Prüfung gilt als fristgerecht durchgeführt, wenn sie spätestens zwei Monate nach dem Fälligkeitstermin durchgeführt wurde. Dieser Absatz ist nur anzuwenden, soweit es sich um Arbeitsmittel nach Anhang 2 Abschnitt 2 bis 4 und Anhang 3 handelt.

(6) Zur Prüfung befähigte Personen nach § 2 Absatz 6 unterliegen bei der Durchführung der nach dieser Verordnung vorgeschriebenen Prüfungen keinen fachlichen Weisungen durch den Arbeitgeber. Zur Prüfung befähigte Personen dürfen vom Arbeitgeber wegen ihrer Prüftätigkeit nicht benachteiligt werden.

(7) Der Arbeitgeber hat dafür zu sorgen, dass das Ergebnis der Prüfung nach den Absätzen 1 bis 4 aufgezeichnet und mindestens bis zur nächsten Prüfung aufbewahrt wird. Dabei hat er dafür zu sorgen, dass die Aufzeichnungen nach Satz 1 mindestens Auskunft geben über:

1.
   Art der Prüfung,
2.
   Prüfumfang und
3.
   Ergebnis der Prüfung.

Aufzeichnungen können auch in elektronischer Form aufbewahrt werden. Werden Arbeitsmittel nach den Absätzen 1 und 2 sowie Anhang 3 an unterschiedlichen Betriebsorten verwendet, ist ein Nachweis über die Durchführung der letzten Prüfung vorzuhalten.

(8) Die Absätze 1 bis 3 gelten nicht für überwachungsbedürftige Anlagen, soweit entsprechende Prüfungen in den §§ 15 und 16 vorgeschrieben sind. Absatz 7 gilt nicht für überwachungsbedürftige Anlagen, soweit entsprechende Aufzeichnungen in § 17 vorgeschrieben sind.

Abschnitt 3
Zusätzliche Vorschriften für überwachungsbedürftige Anlagen

§ 15 Prüfung vor Inbetriebnahme und vor Wiederinbetriebnahme nach
prüfpflichtigen Änderungen

(1) Der Arbeitgeber hat sicherzustellen, dass überwachungsbedürftige Anlagen vor
erstmaliger Inbetriebnahme und vor Wiederinbetriebnahme nach prüfpflichtigen
Änderungen nach Maßgabe der in Anhang 2 genannten Vorgaben geprüft werden.
Bei der Prüfung ist festzustellen,

1.
    ob die für die Prüfung benötigten technischen Unterlagen, wie beispielsweise
    eine EG-Konformitätserklärung, vorhanden sind und ihr Inhalt plausibel ist
    und
2.
    ob die Anlage einschließlich der Anlagenteile entsprechend dieser
    Verordnung errichtet ist und sich auch unter Berücksichtigung der
    Aufstellbedingungen in einem sicheren Zustand befindet.

Die Prüfung ist nach Maßgabe der in Anhang 2 genannten Vorgaben
durchzuführen. Prüfinhalte, die im Rahmen von Konformitätsbewertungsverfahren
geprüft und dokumentiert wurden, müssen nicht erneut geprüft werden.
(2) Bei der Prüfung vor erstmaliger Inbetriebnahme ist auch festzustellen, ob die
getroffenen sicherheitstechnischen Maßnahmen geeignet und wirksam sind und ob
die Frist für die nächste wiederkehrende Prüfung nach § 3 Absatz 6 zutreffend
festgelegt wurde. Abweichend von Satz 1 ist die Feststellung der zutreffenden
Prüffrist für Druckanlagen, deren Prüffrist nach Anhang 2 Abschnitt 4 Nummer 5.4
ermittelt wird, unmittelbar nach deren Ermittlung durchzuführen. Über die in den
Sätzen 1 und 2 festgelegten Prüffristen entscheidet im Streitfall die zuständige
Behörde. Satz 1 gilt ferner nicht für die Eignung der sicherheitstechnischen
Maßnahmen, die Gegenstand einer Erlaubnis nach § 18 oder einer Genehmigung
nach anderen Rechtsvorschriften sind.
(3) Die Prüfungen nach Absatz 1 sind von einer zugelassenen Überwachungsstelle
nach Anhang 2 Abschnitt 1 durchzuführen. Sofern dies in Anhang 2 Abschnitt 2, 3
oder 4 vorgesehen ist, können die Prüfungen nach Satz 1 auch von einer zur
Prüfung befähigten Person durchgeführt werden.

§ 16 Wiederkehrende Prüfung

(1) Der Arbeitgeber hat sicherzustellen, dass überwachungsbedürftige Anlagen
nach Maßgabe der in Anhang 2 genannten Vorgaben wiederkehrend auf ihren
sicheren Zustand hinsichtlich des Betriebs geprüft werden.
(2) Bei der wiederkehrenden Prüfung ist auch zu überprüfen, ob die Frist für die
nächste wiederkehrende Prüfung nach § 3 Absatz 6 zutreffend festgelegt wurde.
Im Streitfall entscheidet die zuständige Behörde.

(3) § 14 Absatz 5 gilt entsprechend. Ist eine behördlich angeordnete Prüfung durchgeführt worden, so beginnt die Frist für eine wiederkehrende Prüfung mit Monat und Jahr der Durchführung dieser Prüfung, wenn diese der wiederkehrenden Prüfung entspricht.

(4) § 15 Absatz 3 gilt entsprechend.

-

§ 17 Prüfaufzeichnungen und -bescheinigungen

(1) Der Arbeitgeber hat dafür zu sorgen, dass das Ergebnis der Prüfung nach den §§ 15 und 16 aufgezeichnet wird. Sofern die Prüfung von einer zugelassenen Überwachungsstelle durchzuführen ist, ist von dieser eine Prüfbescheinigung über das Ergebnis der Prüfung zu fordern. Aufzeichnungen und Prüfbescheinigungen müssen mindestens Auskunft geben über

1.
   Anlagenidentifikation,
2.
   Prüfdatum,
3.
   Art der Prüfung,
4.
   Prüfungsgrundlagen,
5.
   Prüfumfang,
6.
   Wirksamkeit und Funktion der getroffenen Schutzmaßnahmen,
7.
   Ergebnis der Prüfung und
8.
   Frist bis zur nächsten wiederkehrenden Prüfung nach § 16 Absatz 2.

Aufzeichnungen und Prüfbescheinigungen sind während der gesamten Verwendungsdauer am Betriebsort der überwachungsbedürftigen Anlage aufzubewahren und der zuständigen Behörde auf Verlangen vorzulegen. Sie können auch in elektronischer Form aufbewahrt werden.

(2) Unbeschadet der Aufzeichnungen und Prüfbescheinigungen nach Absatz 1 muss in der Kabine von Aufzugsanlagen eine Kennzeichnung, zum Beispiel in Form einer Prüfplakette, deutlich sichtbar und dauerhaft angebracht sein, aus der sich Monat und Jahr der nächsten wiederkehrenden Prüfung sowie der festlegenden Stelle ergibt.

-

§ 18 Erlaubnispflicht

(1) Die Errichtung und der Betrieb sowie die Änderungen der Bauart oder

23

Betriebsweise, welche die Sicherheit der Anlage beeinflussen, folgender Anlagen bedürfen der Erlaubnis der zuständigen Behörde:

1.

Dampfkesselanlagen nach Anhang 2 Abschnitt 4 Nummer 2.1 Satz 1 Buchstabe a, die nach Artikel 13 in Verbindung mit Anhang II Diagramm 5 der Richtlinie 2014/68/EU des Europäischen Parlaments und des Rates vom 15. Mai 2014 zur Harmonisierung der Rechtsvorschriften der Mitgliedstaaten über die Bereitstellung von Druckgeräten auf dem Markt (ABl. L 189 vom 27.6.2014, S. 164) in die Kategorie IV einzustufen sind,

2.

Anlagen mit Druckgeräten nach Anhang 2 Abschnitt 4 Nummer 2.1 Satz 1 Buchstabe c, in denen ortsbewegliche Druckgeräte mit einer Füllkapazität von mehr als 10 Kilogramm je Stunde mit Druckgasen zur Abgabe an Andere befüllt werden,

3.

ortsfeste Anlagen einschließlich der Lager- und Vorratsbehälter zum Befüllen von Land-, Wasser- und Luftfahrzeugen mit entzündbaren Gasen im Sinne von Anhang 1 Nummer 2.2 der Verordnung (EG) Nr. 1272/2008 des Europäischen Parlaments und des Rates vom 16. Dezember 2008 über die Einstufung, Kennzeichnung und Verpackung von Stoffen und Gemischen, zur Änderung und Aufhebung der Richtlinien 67/548/EWG und 1999/45/EG und zur Änderung der Verordnung (EG) Nr. 1907/2006 (ABl. L 353 vom 31.12.2008, S. 1) zur Verwendung als Treib- oder Brennstoff (Gasfüllanlagen),

4.

Räume oder Bereiche einschließlich der in ihnen vorgesehenen ortsfesten Behälter und sonstiger Lagereinrichtungen, die dazu bestimmt sind, dass in ihnen entzündbare Flüssigkeiten mit einem Gesamtrauminhalt von mehr als 10 000 Litern gelagert werden (Lageranlagen), soweit Räume oder Bereiche nicht zu Anlagen nach den Nummern 5 bis 8 gehören,

5.

ortsfest errichtete oder dauerhaft am gleichen Ort verwendete Anlagen mit einer Umschlagkapazität von mehr als 1 000 Litern je Stunde, die dazu bestimmt sind, dass in ihnen Transportbehälter mit entzündbaren Flüssigkeiten befüllt werden (Füllstellen),

6.

ortsfeste Anlagen für die Betankung von Land-, Wasser- und Luftfahrzeugen mit entzündbaren Flüssigkeiten (Tankstellen),

7.

ortsfeste Anlagen oder Bereiche auf Flugfeldern, in denen Kraftstoffbehälter von Luftfahrzeugen aus Hydrantenanlagen mit entzündbaren Flüssigkeiten befüllt werden (Flugfeldbetankungsanlagen),

8.

Anlagen für die Betankung von Land-, Wasser- und Luftfahrzeugen, bei denen Anlagen nach den Nummern 3 und 6 in einem räumlichen oder betriebstechnischen Zusammenhang verwendet werden (Betankungsanlagen). Entzündbare Flüssigkeiten nach Satz 1 Nummer 4 bis 6 sind solche nach Anhang 1 Nummer 2.6 der Verordnung (EG) Nr. 1272/2008, sofern sie einen Flammpunkt von weniger als 23 Grad Celsius haben. Zu einer Anlage im Sinne des Satzes 1 gehören auch Mess-, Steuer- und Regeleinrichtungen, die dem sicheren Betrieb dieser Anlage dienen.

(2) Absatz 1 findet keine Anwendung auf

1. Anlagen, in denen Wasserdampf oder Heißwasser in einem Herstellungsverfahren durch Wärmerückgewinnung entsteht, es sei denn, Rauchgase werden gekühlt und der entstehende Wasserdampf oder das entstehende Heißwasser werden nicht überwiegend der Verfahrensanlage zugeführt, und

2. Anlagen zum Entsorgen von Kältemitteln, die einem Wärmetauscher entnommen und in ein ortsbewegliches Druckgerät gefüllt werden.

(3) Die Erlaubnis ist schriftlich zu beantragen. Ein Antrag auf eine Teilerlaubnis ist möglich. Dem Antrag sind alle Unterlagen beizufügen, die für die Beurteilung des Antrages notwendig sind. Aus den Unterlagen muss hervorgehen, dass Aufstellung, Bauart und Betriebsweise den Anforderungen dieser Verordnung und hinsichtlich des Brand- und Explosionsschutzes auch der Gefahrstoffverordnung entsprechen und dass die vorgesehenen sicherheitstechnischen Maßnahmen geeignet sind. Den Unterlagen ist ein Prüfbericht einer zugelassenen Überwachungsstelle beizufügen, in dem bestätigt wird, dass die Anlage bei Einhaltung der in den Unterlagen genannten Maßnahmen einschließlich der Prüfungen nach Anhang 2 Abschnitt 3 und 4 sicher betrieben werden kann.

(4) Die zuständige Behörde hat die Erlaubnis zu erteilen, wenn die vorgesehene Aufstellung, Bauart und Betriebsweise den sicherheitstechnischen Anforderungen dieser Verordnung und hinsichtlich des Brand- und Explosionsschutzes auch der Gefahrstoffverordnung entsprechen. Die Erlaubnis kann beschränkt, befristet, unter Bedingungen erteilt sowie mit Auflagen verbunden werden. Die nachträgliche Aufnahme, Änderung oder Ergänzung von Auflagen ist zulässig.

(5) Die zuständige Behörde hat über den Antrag innerhalb von drei Monaten, nachdem er bei ihr eingegangen ist, zu entscheiden. Die Frist kann in begründeten Fällen verlängert werden. Die verlängerte Frist ist zusammen mit den Gründen für die Verlängerung dem Antragsteller mitzuteilen.

Abschnitt 4
Vollzugsregelungen und Ausschuss für Betriebssicherheit

§ 19 Mitteilungspflichten, behördliche Ausnahmen

(1) Der Arbeitgeber hat bei Arbeitsmitteln nach den Anhängen 2 und 3 der zuständigen Behörde folgende Ereignisse unverzüglich anzuzeigen:

1.
jeden Unfall, bei dem ein Mensch getötet oder erheblich verletzt worden ist, und

2.
jeden Schadensfall, bei dem Bauteile oder sicherheitstechnische Einrichtungen versagt haben.

(2) Die zuständige Behörde kann bei überwachungsbedürftigen Anlagen vom Arbeitgeber verlangen, dass dieser das nach Absatz 1 anzuzeigende Ereignis auf seine Kosten durch eine möglichst im gegenseitigen Einvernehmen bestimmte zugelassene Überwachungsstelle sicherheitstechnisch beurteilen lässt und ihr die Beurteilung schriftlich vorlegt. Die sicherheitstechnische Beurteilung hat sich insbesondere auf die Feststellung zu erstrecken,

1.
worauf das Ereignis zurückzuführen ist,

2.
ob sich die überwachungsbedürftige Anlage in einem nicht sicheren Zustand befand und ob nach Behebung des Mangels eine Gefährdung nicht mehr besteht und

3.
ob neue Erkenntnisse gewonnen worden sind, die andere oder zusätzliche Schutzvorkehrungen erfordern.

(3) Unbeschadet des § 22 des Arbeitsschutzgesetzes hat der Arbeitgeber der zuständigen Behörde auf Verlangen Folgendes zu übermitteln:

1.
die Dokumentation der Gefährdungsbeurteilung nach § 3 Absatz 8 und die ihr zugrunde liegenden Informationen,

2.
einen Nachweis, dass die Gefährdungsbeurteilung entsprechend den Anforderungen nach § 3 Absatz 2 Satz 2 erstellt wurde,

3.
Angaben zu den nach § 13 des Arbeitsschutzgesetzes verantwortlichen Personen,

4.
Angaben zu den getroffenen Schutzmaßnahmen einschließlich der Betriebsanweisung.

(4) Die zuständige Behörde kann auf schriftlichen Antrag des Arbeitgebers Ausnahmen von den §§ 8 bis 11 und Anhang 1 zulassen, wenn die Anwendung dieser Vorschriften für den Arbeitgeber im Einzelfall zu einer unverhältnismäßigen Härte führen würde, die Ausnahme sicherheitstechnisch vertretbar und mit dem Schutz der Beschäftigten vereinbar ist. Der Arbeitgeber hat der zuständigen

Behörde im Antrag Folgendes darzulegen:

1.
   den Grund für die Beantragung der Ausnahme,
2.
   die betroffenen Tätigkeiten und Verfahren,
3.
   die Zahl der voraussichtlich betroffenen Beschäftigten,
4.
   die technischen und organisatorischen Maßnahmen, die zur Gewährleistung der Sicherheit und zur Vermeidung von Gefährdungen getroffen werden sollen.

Für ihre Entscheidung kann die Behörde ein Sachverständigengutachten verlangen, dessen Kosten der Arbeitgeber zu tragen hat.

(5) Die zuständige Behörde kann bei überwachungsbedürftigen Anlagen im Einzelfall eine außerordentliche Prüfung anordnen, wenn hierfür ein besonderer Anlass besteht. Ein solcher Anlass besteht insbesondere dann, wenn ein Schadensfall eingetreten ist. Der Arbeitgeber hat eine angeordnete Prüfung unverzüglich zu veranlassen.

(6) Die zuständige Behörde kann die in Anhang 2 Abschnitt 2 bis 4 und Anhang 3 genannten Fristen im Einzelfall verkürzen, soweit es zur Gewährleistung der Sicherheit der Anlagen erforderlich ist. Die zuständige Behörde kann die in Anhang 2 Abschnitt 2 bis 4 und Anhang 3 genannten Fristen im Einzelfall verlängern, soweit die Sicherheit auf andere Weise gewährleistet ist.

-

§ 20 Sonderbestimmungen für überwachungsbedürftige Anlagen des Bundes

(1) Aufsichtsbehörde für die in den Anhängen 2 bis 4 genannten überwachungsbedürftigen Anlagen auf den von der Wasser- und Schifffahrtsverwaltung des Bundes, der Bundeswehr und der Bundespolizei genutzten Dienstliegenschaften ist das zuständige Bundesministerium oder die von ihm bestimmte Behörde. Für andere der Aufsicht durch die Bundesverwaltung unterliegende überwachungsbedürftige Anlagen gemäß Anhang 2 Abschnitt 2 bis 4 bestimmt sich die zuständige Aufsichtsbehörde nach § 38 Absatz 1 des Produktsicherheitsgesetzes.

(2) § 18 findet keine Anwendung auf die in Anhang 2 Abschnitt 2 bis 4 genannten überwachungsbedürftigen Anlagen der Wasser- und Schifffahrtsverwaltung des Bundes, der Bundeswehr und der Bundespolizei.

-

§ 21 Ausschuss für Betriebssicherheit

(1) Beim Bundesministerium für Arbeit und Soziales wird ein Ausschuss für Betriebssicherheit gebildet. Dieser Ausschuss soll aus fachkundigen Vertretern der

Arbeitgeber, der Gewerkschaften, der Länderbehörden, der gesetzlichen Unfallversicherung und der zugelassenen Überwachungsstellen bestehen sowie aus weiteren fachkundigen Personen, insbesondere aus der Wissenschaft. Die Gesamtzahl der Mitglieder soll 21 Personen nicht überschreiten. Für jedes Mitglied ist ein stellvertretendes Mitglied zu benennen. Die Mitgliedschaft im Ausschuss für Betriebssicherheit ist ehrenamtlich.

(2) Das Bundesministerium für Arbeit und Soziales beruft die Mitglieder des Ausschusses und die stellvertretenden Mitglieder. Der Ausschuss gibt sich eine Geschäftsordnung und wählt die Vorsitzende oder den Vorsitzenden aus seiner Mitte. Die Geschäftsordnung und die Wahl der oder des Vorsitzenden bedürfen der Zustimmung des Bundesministeriums für Arbeit und Soziales.

(3) Zu den Aufgaben des Ausschusses gehört es,

1.
    den Stand von Wissenschaft und Technik, Arbeitsmedizin und Arbeitshygiene sowie sonstiger gesicherter arbeitswissenschaftlicher Erkenntnisse bei der Verwendung von Arbeitsmitteln zu ermitteln und dazu Empfehlungen auszusprechen,

2.
    zu ermitteln, wie die in dieser Verordnung gestellten Anforderungen erfüllt werden können, und dazu die dem jeweiligen Stand der Technik und der Arbeitsmedizin entsprechenden Regeln und Erkenntnisse zu erarbeiten,

3.
    das Bundesministerium für Arbeit und Soziales in Fragen von Sicherheit und Gesundheitsschutz bei der Verwendung von Arbeitsmitteln zu beraten und

4.
    die von den zugelassenen Überwachungsstellen nach § 37 Absatz 5 Nummer 8 des Produktsicherheitsgesetzes gewonnenen Erkenntnisse auszuwerten und bei den Aufgaben nach den Nummern 1 bis 3 zu berücksichtigen.

Das Arbeitsprogramm des Ausschusses für Betriebssicherheit wird mit dem Bundesministerium für Arbeit und Soziales abgestimmt. Der Ausschuss arbeitet eng mit den anderen Ausschüssen beim Bundesministerium für Arbeit und Soziales zusammen.

(4) Nach Prüfung kann das Bundesministerium für Arbeit und Soziales

1.
    die vom Ausschuss für Betriebssicherheit ermittelten Regeln und Erkenntnisse nach Absatz 3 Satz 1 Nummer 2 im Gemeinsamen Ministerialblatt bekannt geben und

2.
    die Empfehlungen nach Absatz 3 Satz 1 Nummer 1 sowie die Beratungsergebnisse nach Absatz 3 Satz 1 Nummer 3 in geeigneter Weise veröffentlichen.

(5) Die Bundesministerien sowie die zuständigen obersten Landesbehörden können zu den Sitzungen des Ausschusses Vertreter entsenden. Diesen ist auf Verlangen in der Sitzung das Wort zu erteilen.

(6) Die Geschäfte des Ausschusses führt die Bundesanstalt für Arbeitsschutz und Arbeitsmedizin.

Abschnitt 5
Ordnungswidrigkeiten und Straftaten, Schlussvorschriften

-

§ 22 Ordnungswidrigkeiten

(1) Ordnungswidrig im Sinne des § 25 Absatz 1 Nummer 1 des Arbeitsschutzgesetzes handelt, wer vorsätzlich oder fahrlässig

1.
   entgegen § 3 Absatz 1 Satz 1 die auftretenden Gefährdungen nicht oder nicht richtig beurteilt,

2.
   entgegen § 3 Absatz 3 Satz 3 eine Gefährdungsbeurteilung durchführt,

3.
   entgegen § 3 Absatz 6 Satz 1 die Art und den Umfang von erforderlichen Prüfungen nicht ermittelt und festlegt,

4.
   entgegen § 3 Absatz 6 Satz 1 die Fristen von wiederkehrenden Prüfungen nach den §§ 14 und 16 nicht ermittelt und festlegt,

5.
   entgegen § 3 Absatz 7 Satz 4 eine Gefährdungsbeurteilung nicht oder nicht rechtzeitig aktualisiert,

6.
   entgegen § 3 Absatz 8 Satz 1 ein dort genanntes Ergebnis nicht oder nicht rechtzeitig dokumentiert,

7.
   entgegen § 4 Absatz 1 ein Arbeitsmittel verwendet,

8.
   entgegen § 4 Absatz 4 nicht dafür sorgt, dass Arbeitsmittel, für die in § 14 oder in Abschnitt 3 dieser Verordnung Prüfungen vorgeschrieben sind, nur verwendet werden, wenn diese Prüfungen durchgeführt und dokumentiert wurden,

9.
   entgegen § 5 Absatz 2 ein Arbeitsmittel verwenden lässt,

10.
   entgegen § 5 Absatz 4 nicht dafür sorgt, dass ein Arbeitnehmer nur ein dort genanntes Arbeitsmittel verwendet,

11.
   entgegen § 6 Absatz 1 Satz 2 in Verbindung mit Anhang 1 Nummer 1.3 Satz 1 nicht dafür sorgt, dass ein Beschäftigter nur auf einem dort genannten Platz mitfährt,

29

12.

entgegen § 6 Absatz 1 Satz 2 in Verbindung mit Anhang 1 Nummer 1.4 Satz 1 nicht dafür sorgt, dass eine dort genannte Einrichtung vorhanden ist,

13.

entgegen § 6 Absatz 1 Satz 2 in Verbindung mit Anhang 1 Nummer 1.5 eine dort genannte Maßnahme nicht oder nicht rechtzeitig trifft,

14.

entgegen § 6 Absatz 1 Satz 2 in Verbindung mit Anhang 1 Nummer 1.7 Satz 1 nicht dafür sorgt, dass die dort genannte Geschwindigkeit angepasst werden kann,

15.

entgegen § 6 Absatz 1 Satz 2 in Verbindung mit Anhang 1 Nummer 1.8 Satz 1 Buchstabe a nicht dafür sorgt, dass eine Verbindungseinrichtung gesichert ist,

16.

entgegen § 6 Absatz 1 Satz 2 in Verbindung mit Anhang 1 Nummer 2.1 Satz 1 nicht dafür sorgt, dass die Standsicherheit oder die Festigkeit eines dort genannten Arbeitsmittels sichergestellt ist,

17.

entgegen § 6 Absatz 1 Satz 2 in Verbindung mit Anhang 1 Nummer 2.1 Satz 5 ein dort genanntes Arbeitsmittel nicht richtig aufstellt oder nicht richtig verwendet,

18.

entgegen § 6 Absatz 1 Satz 2 in Verbindung mit Anhang 1 Nummer 2.2 Satz 1 nicht dafür sorgt, dass ein Arbeitsmittel mit einem dort genannten Hinweis versehen ist,

19.

entgegen § 6 Absatz 1 Satz 2 in Verbindung mit Anhang 1 Nummer 2.3.2 nicht dafür sorgt, dass ein dort genanntes Arbeitsmittel abgebremst und eine ungewollte Bewegung verhindert werden kann,

20.

entgegen § 6 Absatz 1 Satz 2 in Verbindung mit Anhang 1 Nummer 2.4 Satz 2 nicht dafür sorgt, dass das Heben eines Beschäftigten nur mit einem dort genannten Arbeitsmittel oder einer dort genannten Zusatzausrüstung erfolgt,

21.

entgegen § 6 Absatz 1 Satz 2 in Verbindung mit Anhang 1 Nummer 2.5 Buchstabe b oder Buchstabe c nicht dafür sorgt, dass Lasten sicher angeschlagen werden oder Lasten oder Lastaufnahme- oder Anschlagmittel sich nicht unbeabsichtigt lösen oder verschieben können,

22.

entgegen § 6 Absatz 1 Satz 2 in Verbindung mit Anhang 1 Nummer 3.2.3 Satz 2 nicht dafür sorgt, dass ein dort genanntes Gerüst verankert wird,

23.

entgegen § 6 Absatz 1 Satz 2 in Verbindung mit Anhang 1 Nummer 3.2.6 Satz 1 nicht dafür sorgt, dass ein Gerüst nur in der dort genannten Weise

30

auf-, ab- oder umgebaut wird,

24.

entgegen § 6 Absatz 2 Satz 1 nicht dafür sorgt, dass eine Schutzeinrichtung verwendet wird,

25.

entgegen § 12 Absatz 1 Satz 1 eine Information nicht, nicht richtig, nicht vollständig oder nicht rechtzeitig zur Verfügung stellt,

26.

entgegen § 12 Absatz 1 Satz 2 einen Beschäftigten nicht, nicht richtig, nicht vollständig oder nicht rechtzeitig unterweist,

27.

entgegen § 12 Absatz 2 Satz 1 eine Betriebsanweisung nicht, nicht richtig, nicht vollständig oder nicht rechtzeitig zur Verfügung stellt,

28.

entgegen § 14 Absatz 1 Satz 1 oder Absatz 4 Satz 1 ein Arbeitsmittel nicht oder nicht rechtzeitig prüfen lässt,

29.

entgegen § 14 Absatz 3 Satz 1 ein Arbeitsmittel einer außerordentlichen Überprüfung nicht oder nicht rechtzeitig unterziehen lässt,

30.

entgegen § 14 Absatz 7 Satz 1 nicht dafür sorgt, dass ein Ergebnis aufgezeichnet und aufbewahrt wird,

31.

entgegen § 14 Absatz 7 Satz 2 nicht dafür sorgt, dass eine Aufzeichnung eine dort genannte Auskunft gibt, oder

32.

entgegen § 19 Absatz 3 eine Dokumentation, eine Information, einen Nachweis oder eine Angabe nicht, nicht richtig, nicht vollständig oder nicht rechtzeitig übermittelt.

(2) Ordnungswidrig im Sinne des § 39 Absatz 1 Nummer 7 Buchstabe a des Produktsicherheitsgesetzes handelt, wer vorsätzlich oder fahrlässig

1.

entgegen § 6 Absatz 1 Satz 2 in Verbindung mit Anhang 1 Nummer 4.1 Satz 1 nicht dafür sorgt, dass ein Kommunikationssystem installiert und wirksam ist,

2.

entgegen § 6 Absatz 1 Satz 2 in Verbindung mit Anhang 1 Nummer 4.1 Satz 2 den Notfallplan nicht oder nicht rechtzeitig dem Notdienst zur Verfügung stellt,

3.

entgegen § 6 Absatz 1 Satz 2 in Verbindung mit Anhang 1 Nummer 4.1 Satz 3 eine dort genannte Einrichtung nicht oder nicht rechtzeitig bereitstellt,

4.

entgegen § 6 Absatz 1 Satz 2 in Verbindung mit Anhang 1 Nummer 4.2 Instandhaltungsmaßnahmen nach § 10 nicht durchführt,

31

5.

entgegen § 6 Absatz 1 Satz 2 in Verbindung mit Anhang 1 Nummer 4.4 Satz 1 nicht dafür sorgt, dass ein Personenumlaufaufzug nur von Beschäftigten verwendet wird,

5a.

entgegen § 6 Absatz 1 Satz 2 in Verbindung mit Anhang 1 Nummer 4.4 Satz 2 einen Personenumlaufaufzug durch eine andere Person verwenden lässt,

6.

entgegen § 15 Absatz 1 Satz 1 nicht sicherstellt, dass eine überwachungsbedürftige Anlage geprüft wird,

7.

entgegen § 16 Absatz 1 in Verbindung mit Anhang 2 eine überwachungsbedürftige Anlage oder ein Anlagenteil nicht oder nicht rechtzeitig prüfen lässt,

8.

ohne Erlaubnis nach § 18 Absatz 1 Satz 1 eine dort genannte Anlage errichtet oder betreibt,

9.

einer vollziehbaren Anordnung nach § 19 Absatz 5 Satz 1 zuwiderhandelt oder

10.

eine in Absatz 1 Nummer 5 oder Nummer 20 bezeichnete Handlung in Bezug auf eine überwachungsbedürftige Anlage nach § 2 Nummer 30 des Produktsicherheitsgesetzes begeht.

-

§ 23 Straftaten

(1) Wer durch eine in § 22 Absatz 1 bezeichnete vorsätzliche Handlung Leben oder Gesundheit eines Beschäftigten gefährdet, ist nach § 26 Nummer 2 des Arbeitsschutzgesetzes strafbar.

(2) Wer eine in § 22 Absatz 2 bezeichnete vorsätzliche Handlung beharrlich wiederholt oder durch eine solche vorsätzliche Handlung Leben oder Gesundheit eines anderen oder fremde Sachen von bedeutendem Wert gefährdet, ist nach § 40 des Produktsicherheitsgesetzes strafbar.

-

§ 24 Übergangsvorschriften

(1) Der Weiterbetrieb einer erlaubnisbedürftigen Anlage, die vor dem 1. Juni 2015 befugt errichtet und verwendet wurde, ist zulässig. Eine Erlaubnis, die nach dem bis dahin geltenden Recht erteilt wurde, gilt als Erlaubnis im Sinne dieser Verordnung. § 18 Absatz 4 Satz 3 ist auf Anlagen nach den Sätzen 1 und 2 anwendbar.

32

(2) Aufzugsanlagen, die vor dem 1. Juni 2015 errichtet und verwendet wurden, müssen bis zum 31. Dezember 2020 den Anforderungen des Anhangs 1 Nummer 4.1 entsprechen. Abweichend von Satz 1 ist der Notfallplan innerhalb von zwölf Monaten nach dem Inkrafttreten dieser Verordnung anzufertigen und dem Notdienst zur Verfügung zu stellen. Sofern kein Notdienst vorhanden sein muss, ist der Notfallplan in der Nähe der Aufzugsanlage anzubringen.

-

Anhang 1 (zu § 6 Absatz 1 Satz 2)
Besondere Vorschriften für bestimmte Arbeitsmittel

(Fundstelle: BGBl. I 2015, 63 - 69)

Inhaltsübersicht

1.
Besondere Vorschriften für die Verwendung von mobilen, selbstfahrenden oder nicht selbstfahrenden, Arbeitsmitteln
2.
Besondere Vorschriften für die Verwendung von Arbeitsmitteln zum Heben von Lasten
3.
Besondere Vorschriften für die Verwendung von Arbeitsmitteln bei zeitweiligem Arbeiten auf hoch gelegenen Arbeitsplätzen
4.
Besondere Vorschriften für Aufzugsanlagen
5.
Besondere Vorschriften für Druckanlagen

1.

Besondere Vorschriften für die Verwendung von mobilen, selbstfahrenden oder nicht selbstfahrenden, Arbeitsmitteln

1.1

Mobile Arbeitsmittel müssen so ausgerüstet sein, dass die Gefährdung für mitfahrende Beschäftigte so gering wie möglich gehalten wird. Dies gilt auch für die Gefährdungen der Beschäftigten durch Kontakt mit Rädern und Ketten.

1.2

Gefährdungen durch plötzliches Blockieren von Energieübertragungsvorrichtungen zwischen mobilen Arbeitsmitteln und ihren technischen Zusatzausrüstungen oder Anhängern sind durch technische Maßnahmen zu vermeiden. Sofern dies nicht möglich ist, sind andere Maßnahmen zu ergreifen, die eine Gefährdung der Beschäftigten verhindern. Es sind Maßnahmen zu treffen, die die Beschädigung der Energieübertragungsvorrichtungen verhindern.

1.3

Der Arbeitgeber hat dafür zu sorgen, dass bei mobilen Arbeitsmitteln mitfahrende Beschäftigte nur auf sicheren und für diesen Zweck ausgerüsteten Plätzen mitfahren. Besteht die Möglichkeit des Kippens oder Überschlagens des Arbeitsmittels, hat der Arbeitgeber durch folgende Einrichtungen sicherzustellen, dass mitfahrende Beschäftigte nicht durch Überschlagen oder Kippen des Arbeitsmittels gefährdet werden:

a)
   eine Einrichtung, die verhindert, dass das Arbeitsmittel um mehr als eine Vierteldrehung kippt,

b)
   eine Einrichtung, die gewährleistet, dass ein ausreichender Freiraum um mitfahrende Beschäftigte erhalten bleibt, sofern die Kippbewegung mehr als eine Vierteldrehung ausmachen kann, oder

c)
   eine andere Einrichtung mit gleicher Schutzwirkung.

Falls beim Überschlagen oder Kippen des Arbeitsmittels ein mitfahrender Beschäftigter zwischen Teilen des Arbeitsmittels und dem Boden eingequetscht werden kann, muss ein Rückhaltesystem für den mitfahrenden Beschäftigten vorhanden sein.

1.4

Der Arbeitgeber hat dafür zu sorgen, dass bei Flurförderzeugen Einrichtungen vorhanden sind, die Gefährdungen aufsitzender Beschäftigter infolge Kippens oder Überschlagens der Flurförderzeuge verhindern. Solche Einrichtungen sind zum Beispiel

a)
   eine Fahrerkabine,

b)
   Einrichtungen, die das Kippen oder Überschlagen verhindern,

c)
   Einrichtungen, die gewährleisten, dass bei kippenden oder sich überschlagenden Flurförderzeugen für die aufsitzenden Beschäftigten zwischen Flur und Teilen der Flurförderzeuge ein ausreichender Freiraum verbleibt, oder

d)
   Einrichtungen, durch die die Beschäftigten auf dem Fahrersitz gehalten werden, sodass sie von Teilen umstürzender Flurförderzeuge nicht erfasst werden können.

1.5

Der Arbeitgeber hat vor der ersten Verwendung von mobilen selbstfahrenden Arbeitsmitteln Maßnahmen zu treffen, damit sie

a)
   gegen unerlaubtes Ingangsetzen gesichert werden können,

b)

34

c)

so ausgerüstet sind, dass das Ein- und Aussteigen sowie Auf- und Absteigen Beschäftigter gefahrlos möglich ist,

d)

mit Vorrichtungen versehen sind, die den Schaden durch einen möglichen Zusammenstoß mehrerer schienengebundener Arbeitsmittel so weit wie möglich verringern,

e)

mit einer Bremseinrichtung versehen sind; sofern erforderlich, muss zusätzlich eine Feststelleinrichtung vorhanden sein und eine über leicht zugängliche Befehlseinrichtungen oder eine Automatik ausgelöste Notbremsvorrichtung das Abbremsen und Anhalten im Fall des Versagens der Hauptbremsvorrichtung ermöglichen,

f)

über geeignete Hilfsvorrichtungen, wie zum Beispiel Kamera-Monitor-Systeme verfügen, die eine Überwachung des Fahrwegs gewährleisten, falls die direkte Sicht des Fahrers nicht ausreicht, um die Sicherheit anderer Beschäftigter zu gewährleisten,

g)

beim Einsatz bei Dunkelheit mit einer Beleuchtungsvorrichtung versehen sind, die für die durchzuführenden Arbeiten geeignet ist und ausreichend Sicherheit für die Beschäftigten bietet,

h)

sofern durch sie selbst oder ihre Anhänger oder Ladungen eine Gefährdung durch Brand besteht, ausreichende Brandbekämpfungseinrichtungen besitzen, es sei denn, am Einsatzort sind solche Brandbekämpfungseinrichtungen in ausreichend kurzer Entfernung vorhanden,

i)

sofern sie ferngesteuert sind, automatisch anhalten, wenn sie aus dem Kontrollbereich der Steuerung herausfahren,

j)

sofern sie automatisch gesteuert sind und unter normalen Einsatzbedingungen mit Beschäftigten zusammenstoßen oder diese einklemmen können, mit entsprechenden Schutzvorrichtungen ausgerüstet sind, es sei denn, dass andere geeignete Vorrichtungen die Möglichkeiten eines Zusammenstoßes vermeiden, und

so ausgerüstet sind, dass mitzuführende Lasten und Einrichtungen gegen unkontrollierte Bewegungen gesichert werden können.

1.6

Der Arbeitgeber hat dafür zu sorgen, dass sich Beschäftigte nicht im Gefahrenbereich selbstfahrender Arbeitsmittel aufhalten. Ist die Anwesenheit aus betrieblichen Gründen unvermeidlich, hat der Arbeitgeber Maßnahmen zu treffen, um Gefährdungen der Beschäftigten

1.7 so gering wie möglich zu halten.

Der Arbeitgeber hat dafür zu sorgen, dass die Geschwindigkeit von mobilen Arbeitsmitteln, die durch Mitgänger geführt werden, durch den Mitgänger angepasst werden kann. Sie müssen beim Loslassen der Befehlseinrichtungen selbsttätig unverzüglich zum Stillstand kommen.

1.8 Der Arbeitgeber hat dafür zu sorgen, dass Verbindungseinrichtungen mobiler Arbeitsmittel, die miteinander verbunden sind,

a) gegen unbeabsichtigtes Lösen gesichert sind und

b) sich gefahrlos und leicht betätigen lassen.

Der Arbeitgeber hat Vorkehrungen zu treffen, damit mobile Arbeitsmittel oder Zusatzausrüstungen miteinander verbunden oder voneinander getrennt werden können, ohne die Beschäftigten zu gefährden. Solche Verbindungen dürfen sich nicht unbeabsichtigt lösen können.

1.9 Der Arbeitgeber hat dafür zu sorgen, dass

a) selbstfahrende Arbeitsmittel nur von Beschäftigten geführt werden, die hierfür geeignet sind und eine angemessene Unterweisung erhalten haben,

b) für die Verwendung mobiler Arbeitsmittel in einem Arbeitsbereich geeignete Verkehrsregeln festgelegt und eingehalten werden,

c) bei der Verwendung von mobilen Arbeitsmitteln mit Verbrennungsmotor eine gesundheitlich unbedenkliche Atemluft vorhanden ist,

d) mobile Arbeitsmittel so abgestellt und beim Transport sowie bei der Be- und Entladung so gesichert werden, dass unbeabsichtigte Bewegungen der Arbeitsmittel, die zu Gefährdungen der Beschäftigten führen können, vermieden werden.

2.

Besondere Vorschriften für die Verwendung von Arbeitsmitteln zum Heben von Lasten

2.1 Der Arbeitgeber hat dafür zu sorgen, dass die Standsicherheit und Festigkeit von Arbeitsmitteln zum Heben von Lasten, ihrer Lastaufnahmeeinrichtungen und gegebenenfalls abnehmbarer Teile jederzeit sichergestellt sind. Hierbei hat er auch besondere Bedingungen wie Witterung, Transport, Auf- und Abbau, mögliche Ausfälle und vorgesehene Prüfungen, auch mit Prüflast, zu berücksichtigen.

36

Sofern nach der Gefährdungsbeurteilung erforderlich, hat der Arbeitgeber Arbeitsmittel mit einer Einrichtung zu versehen, die ein Überschreiten der zulässigen Tragfähigkeit verhindert. Auch sind Belastungen der Aufhängepunkte oder der Verankerungspunkte an den tragenden Teilen zu berücksichtigen.

Demontierbare und mobile Arbeitsmittel zum Heben von Lasten müssen so aufgestellt und verwendet werden, dass die Standsicherheit des Arbeitsmittels gewährleistet ist und dessen Kippen, Verschieben oder Abrutschen verhindert wird. Der Arbeitgeber hat dafür zu sorgen, dass die korrekte Durchführung der Maßnahmen von einem hierzu besonders eingewiesenen Beschäftigten überprüft wird.

2.2

Der Arbeitgeber hat dafür zu sorgen, dass Arbeitsmittel zum Heben von Lasten mit einem deutlich sichtbaren Hinweis auf die zulässige Tragfähigkeit versehen sind. Sofern unterschiedliche Betriebszustände möglich sind, ist die zulässige Tragfähigkeit für die einzelnen Betriebszustände anzugeben. Lastaufnahmeeinrichtungen sind so zu kennzeichnen, dass ihre für eine sichere Verwendung grundlegenden Eigenschaften zu erkennen sind. Arbeitsmittel zum Heben von Beschäftigten müssen hierfür geeignet sein sowie deutlich sichtbar mit Hinweisen auf diesen Verwendungszweck gekennzeichnet werden.

2.3

Der Arbeitgeber hat Maßnahmen zu treffen, die verhindern, dass Lasten

a)
     sich ungewollt gefährlich verlagern, herabstürzen oder

b)
     unbeabsichtigt ausgehakt werden können.

Wenn der Aufenthalt von Beschäftigten im Gefahrenbereich nicht verhindert werden kann, muss gewährleistet sein, dass Befehlseinrichtungen zur Steuerung von Bewegungen nach ihrer Betätigung von selbst in die Nullstellung zurückgehen und die eingeleitete Bewegung unverzüglich unterbrochen wird.

2.3.1

Das flurgesteuerte Arbeitsmittel zum Heben von Lasten muss für den steuernden Beschäftigten bei maximaler Fahrgeschwindigkeit jederzeit beherrschbar sein.

2.3.2

Der Arbeitgeber hat dafür zu sorgen, dass Arbeitsmittel zum Heben von Lasten bei Hub-, Fahr- und Drehbewegungen abgebremst und ungewollte Bewegungen des Arbeitsmittels verhindert werden können.

2.3.3

Kraftbetriebene Hubbewegungen des Arbeitsmittels zum Heben von Lasten müssen begrenzt sein. Schienenfahrbahnen müssen mit Fahrbahnbegrenzungen ausgerüstet sein.

2.3.4

37

2.3.5
Können beim Verwenden von Arbeitsmitteln zum Heben von Lasten Beschäftigte gefährdet werden und befindet sich die Befehlseinrichtung nicht in der Nähe der Last, müssen die Arbeitsmittel mit Warneinrichtungen ausgerüstet sein.

2.4
Der Rückschlag von Betätigungseinrichtungen handbetriebener Arbeitsmittel zum Heben von Lasten muss begrenzt sein.

Beim Heben oder Fortbewegen von Beschäftigten sind insbesondere die folgenden besonderen Maßnahmen zu treffen:

a)
Gefährdungen durch Absturz eines Lastaufnahmemittels sind mit geeigneten Vorrichtungen zu verhindern. Lastaufnahmemittel sind an jedem Arbeitstag auf einwandfreien Zustand zu überprüfen.

b)
Das Herausfallen von Beschäftigten aus dem Personenaufnahmemittel des Arbeitsmittels zum Heben von Lasten ist zu verhindern.

c)
Gefährdungen durch Quetschen oder Einklemmen der Beschäftigten oder Zusammenstoß von Beschäftigten mit Gegenständen sind zu vermeiden.

d)
Bei Störungen im Personenaufnahmemittel sind festsitzende Beschäftigte vor Gefährdungen zu schützen und müssen gefahrlos befreit werden können.

Der Arbeitgeber hat dafür zu sorgen, dass das Heben von Beschäftigten nur mit hierfür vorgesehenen Arbeitsmitteln und Zusatzausrüstungen erfolgt. Abweichend davon ist das Heben von Beschäftigten mit hierfür nicht vorgesehenen Arbeitsmitteln ausnahmsweise zulässig, wenn

a)
die Sicherheit der Beschäftigten auf andere Weise gewährleistet ist,

b)
bei der Tätigkeit eine angemessene Aufsicht durch einen anwesenden besonders eingewiesenen Beschäftigten sichergestellt ist,

c)
der Steuerstand des Arbeitsmittels ständig besetzt ist,

d)
der mit der Steuerung des Arbeitsmittels beauftragte Beschäftigte hierfür besonders eingewiesen ist,

e)
sichere Mittel zur Verständigung zur Verfügung stehen und

f)
ein Bergungsplan für den Gefahrenfall vorliegt.

2.5

Der Arbeitgeber hat dafür zu sorgen, dass

a)

Beschäftigte nicht durch hängende Lasten gefährdet werden, insbesondere hängende Lasten nicht über ungeschützte Bereiche, an denen sich für gewöhnlich Beschäftigte aufhalten, bewegt werden,

b)

Lasten sicher angeschlagen werden,

c)

Lasten, Lastaufnahme- sowie Anschlagmittel sich nicht unbeabsichtigt lösen oder verschieben können,

d)

den Beschäftigten bei der Verwendung von Lastaufnahme- und Anschlagmitteln angemessene Informationen über deren Eigenschaften und zulässigen Einsatzgebiete zur Verfügung stehen,

e)

Verbindungen von Anschlagmitteln deutlich gekennzeichnet sind, sofern sie nach der Verwendung nicht getrennt werden,

f)

Lastaufnahme- und Anschlagmittel entsprechend den zu handhabenden Lasten, den Greifpunkten, den Einhakvorrichtungen, den Witterungsbedingungen sowie der Art und Weise des Anschlagens ausgewählt werden und

g)

Lasten nicht mit kraftschlüssig wirkenden Lastaufnahmemitteln über ungeschützte Beschäftigte geführt werden.

2.6

Lastaufnahme- und Anschlagmittel sind so aufzubewahren, dass sie nicht beschädigt werden können und ihre Funktionsfähigkeit nicht beeinträchtigt werden kann.

2.7

Besondere Vorschriften für die Verwendung von Arbeitsmitteln zum Heben von nicht geführten Lasten

2.7.1

Überschneiden sich die Aktionsbereiche von Arbeitsmitteln zum Heben von nicht geführten Lasten, sind geeignete Maßnahmen zu treffen, um Gefährdungen durch Zusammenstöße der Arbeitsmittel zu verhindern. Ebenso sind geeignete Maßnahmen zu treffen, um Gefährdungen von Beschäftigten durch Zusammenstöße von diesen mit nichtgeführten Lasten zu verhindern.

2.7.2

Es sind geeignete Maßnahmen gegen Gefährdungen von Beschäftigten durch Abstürzen von nicht geführten Lasten zu treffen. Kann der

2.7.3 Beschäftigte, der ein Arbeitsmittel zum Heben von nicht geführten Lasten steuert, die Last weder direkt noch durch Zusatzgeräte über den gesamten Weg beobachten, ist er von einem anderen Beschäftigten einzuweisen.

Der Arbeitgeber hat dafür zu sorgen, dass

a) nicht geführte Lasten sicher von Hand ein- und ausgehängt werden können,

b) die Beschäftigten den Hebe- und Transportvorgang direkt oder indirekt steuern können,

c) alle Hebevorgänge mit nicht geführten Lasten so geplant und durchgeführt werden, dass die Sicherheit der Beschäftigten gewährleistet ist. Soll eine nicht geführte Last gleichzeitig durch zwei oder mehrere Arbeitsmittel angehoben werden, ist ein Verfahren festzulegen und zu überwachen, das die Zusammenarbeit der Beschäftigten sicherstellt,

d) nur solche Arbeitsmittel zum Heben von nicht geführten Lasten eingesetzt werden, die diese Lasten auch bei einem teilweisen oder vollständigen Energieausfall sicher halten; ist dies nicht möglich, sind geeignete Maßnahmen zu treffen, damit die Sicherheit der Beschäftigten gewährleistet ist. Hängende, nicht geführte Lasten müssen ständig beobachtet werden, es sei denn, der Zugang zum Gefahrenbereich wird verhindert, die Last wurde sicher eingehängt und wird im hängenden Zustand sicher gehalten,

e) die Verwendung von Arbeitsmitteln zum Heben von nicht geführten Lasten im Freien eingestellt wird, wenn die Witterungsbedingungen die sichere Verwendung des Arbeitsmittels beeinträchtigen, und

f) die vom Hersteller des Arbeitsmittels zum Heben nicht geführter Lasten vorgegebenen Maßnahmen getroffen werden; dies gilt insbesondere für Maßnahmen gegen das Umkippen des Arbeitsmittels.

3. Besondere Vorschriften für die Verwendung von Arbeitsmitteln bei zeitweiligem Arbeiten auf hoch gelegenen Arbeitsplätzen

3.1 Allgemeine Mindestanforderungen

3.1.1 Diese Anforderungen gelten bei zeitweiligen Arbeiten an hoch gelegenen Arbeitsplätzen unter Verwendung von

40

a)

Gerüsten einschließlich deren Auf-, Um- und Abbau,

b)

Leitern sowie

c)

von Zugangs- und Positionierungsverfahren unter der
Zuhilfenahme von Seilen.

3.1.2

Können zeitweilige Arbeiten an hoch gelegenen Arbeitsplätzen nicht auf
sichere Weise und unter angemessenen ergonomischen Bedingungen
von einer geeigneten Standfläche aus durchgeführt werden, sind
Maßnahmen zu treffen, mit denen die Gefährdung der Beschäftigten so
gering wie möglich gehalten wird.
Bei der Auswahl der Zugangsmittel zu hoch gelegenen Arbeitsplätzen, an
denen zeitweilige Arbeiten ausgeführt werden, sind der zu überwindende
Höhenunterschied sowie Art, Dauer und Häufigkeit der Verwendung zu
berücksichtigen. Arbeitsstelzen sind grundsätzlich nicht als geeignete
Arbeitsmittel anzusehen. Die ausgewählten Zugangsmittel müssen auch die
Flucht bei drohender Gefahr ermöglichen. Beim Zugang zum hoch gelegenen
Arbeitsplatz sowie beim Abgang von diesem dürfen keine zusätzlichen
Absturzgefährdungen entstehen.

3.1.3

Alle Einrichtungen, die als zeitweilige hoch gelegene Arbeitsplätze oder
als Zugänge hierzu dienen, müssen insbesondere so beschaffen,
bemessen, aufgestellt, unterstützt, ausgesteift und verankert sein, dass
sie die bei der vorgesehenen Verwendung anfallenden Lasten
aufnehmen und ableiten können. Die Einrichtungen dürfen nicht
überlastet werden und müssen auch während der einzelnen
Bauzustände und der gesamten Nutzungszeit standsicher sein.

3.1.4

Die Verwendung von Leitern als hoch gelegene Arbeitsplätze und von
Zugangs- und Positionierungsverfahren unter Zuhilfenahme von Seilen
ist nur in solchen Fällen zulässig, in denen

a)

wegen der geringen Gefährdung und wegen der geringen Dauer
der Verwendung die Verwendung anderer, sichererer Arbeitsmittel
nicht verhältnismäßig ist und

b)

die Gefährdungsbeurteilung ergibt, dass die Arbeiten sicher
durchgeführt werden können.

3.1.5

An Arbeitsmitteln mit Absturzgefährdung sind Absturzsicherungen
vorzusehen. Diese Vorrichtungen müssen so gestaltet und so
beschaffen sein, dass Abstürze verhindert und Verletzungen der
Beschäftigten so weit wie möglich vermieden werden. Feste

Absturzsicherungen dürfen nur an Zugängen zu Leitern oder Treppen unterbrochen werden. Lassen sich im Einzelfall feste Absturzsicherungen nicht verwenden, müssen stattdessen andere Einrichtungen zum Auffangen abstürzender Beschäftigter vorhanden sein (zum Beispiel Auffangnetze). Individuelle Absturzsicherungen für die Beschäftigten sind nur ausnahmsweise im begründeten Einzelfall zulässig.

3.1.6

Kann eine Tätigkeit nur ausgeführt werden, wenn eine feste Absturzsicherung vorübergehend entfernt wird, so müssen wirksame Ersatzmaßnahmen für die Sicherheit der Beschäftigten getroffen werden. Die Tätigkeit darf erst ausgeführt werden, wenn diese Maßnahmen umgesetzt worden sind. Ist die Tätigkeit vorübergehend oder endgültig abgeschlossen, müssen die festen Absturzsicherungen unverzüglich wieder angebracht werden.

3.1.7

Beim Auf- und Abbau von Gerüsten sind auf der Grundlage der Gefährdungsbeurteilung geeignete Schutzmaßnahmen zu treffen, durch welche die Sicherheit der Beschäftigten stets gewährleistet ist.

3.1.8

Zeitweilige Arbeiten an hoch gelegenen Arbeitsplätzen dürfen im Freien unter Verwendung von Gerüsten einschließlich deren Auf-, Um- und Abbau sowie von Leitern und von Zugangs- und Positionierungsverfahren unter der Zuhilfenahme von Seilen nur dann ausgeführt werden, wenn die Witterungsverhältnisse die Sicherheit und die Gesundheit der Beschäftigten nicht beeinträchtigen. Insbesondere dürfen die Arbeiten nicht begonnen oder fortgesetzt werden, wenn witterungsbedingt, insbesondere durch starken oder böigen Wind, Vereisung oder Schneeglätte, die Möglichkeit besteht, dass Beschäftigte abstürzen oder durch herabfallende oder umfallende Teile verletzt werden.

3.2

Besondere Vorschriften für die Verwendung von Gerüsten

3.2.1

Kann das gewählte Gerüst nicht nach einer allgemein anerkannten Regelausführung errichtet werden, ist für das Gerüst oder einzelne Bereiche davon eine gesonderte Festigkeits- und Standfestigkeitsberechnung vorzunehmen.

3.2.2

Der für die Gerüstbauarbeiten verantwortliche Arbeitgeber oder eine von ihm bestimmte fachkundige Person hat je nach Komplexität des gewählten Gerüsts einen Plan für Aufbau, Verwendung und Abbau zu erstellen. Dabei kann es sich um eine allgemeine Aufbau- und Verwendungsanleitung handeln, die durch Detailangaben für das jeweilige Gerüst ergänzt wird.

42

3.2.3

Die Standsicherheit des Gerüsts muss sichergestellt sein. Der Arbeitgeber hat dafür zu sorgen, dass Gerüste, die freistehend nicht standsicher sind, vor der Verwendung verankert werden. Die Ständer eines Gerüsts sind vor der Möglichkeit des Verrutschens zu schützen, indem sie an der Auflagefläche durch eine Gleitschutzvorrichtung oder durch ein anderes, gleich geeignetes Mittel fixiert werden. Die belastete Fläche muss eine ausreichende Tragfähigkeit haben. Ein unbeabsichtigtes Fortbewegen von fahrbaren Gerüsten während der Arbeiten an hoch gelegenen Arbeitsplätzen muss durch geeignete Vorrichtungen verhindert werden. Während des Aufenthalts von Beschäftigten auf einem fahrbaren Gerüst darf dieses nicht vom Standort fortbewegt werden.

3.2.4

Die Abmessungen, die Form und die Anordnung der Lauf- und Arbeitsflächen auf Gerüsten müssen für die auszuführende Tätigkeit geeignet sein. Sie müssen an die zu erwartende Beanspruchung angepasst sein und ein gefahrloses Begehen erlauben. Sie sind dicht aneinander und so zu verlegen, dass sie bei normaler Verwendung nicht wippen und nicht verrutschen können. Zwischen den einzelnen Gerüstflächen und dem Seitenschutz darf kein Zwischenraum vorhanden sein, der zu Gefährdungen von Beschäftigten führen kann.

3.2.5

Sind bestimmte Teile eines Gerüsts nicht verwendbar, insbesondere während des Auf-, Ab- oder Umbaus, sind diese Teile mit dem Verbotszeichen „Zutritt verboten" zu kennzeichnen und durch Absperrungen, die den Zugang zu diesen Teilen verhindern, angemessen abzugrenzen.

3.2.6

Der Arbeitgeber hat dafür zu sorgen, dass Gerüste nur unter der Aufsicht einer fachkundigen Person und nach Unterweisung nach § 12 von fachlich hierfür geeigneten Beschäftigten auf-, ab- oder umgebaut werden. Die Unterweisung hat sich insbesondere zu erstrecken auf Informationen über

a)
den Plan für den Auf-, Ab- oder Umbau des betreffenden Gerüsts,

b)
den sicheren Auf-, Ab- oder Umbau des betreffenden Gerüsts,

c)
vorbeugende Maßnahmen gegen Gefährdungen von Beschäftigten durch Absturz oder des Herabfallens von Gegenständen,

d)
Sicherheitsvorkehrungen für den Fall, dass sich die Witterungsverhältnisse so verändern, dass die Sicherheit und Gesundheit der betroffenen Beschäftigten beeinträchtigt werden

können,

e)

zulässige Belastungen,

f)

alle anderen, möglicherweise mit dem Auf-, Ab- oder Umbau verbundenen Gefährdungen. Der fachkundigen Person, die die Gerüstarbeiten beaufsichtigt, und den betroffenen Beschäftigten muss der in Nummer 3.2.2 vorgesehene Plan mit allen darin enthaltenen Anweisungen vor Beginn der Tätigkeit vorliegen.

3.3

Besondere Vorschriften für die Verwendung von Leitern

3.3.1

Der Arbeitgeber darf Beschäftigten nur solche Leitern zur Verfügung stellen, die nach ihrer Bauart für die jeweils auszuführende Tätigkeit geeignet sind.

3.3.2

Leitern müssen während der Verwendung standsicher und sicher begehbar aufgestellt sein. Leitern müssen zusätzlich gegen Umstürzen gesichert werden, wenn die Art der auszuführenden Tätigkeit dies erfordert. Tragbare Leitern müssen so auf einem tragfähigen, unbeweglichen und ausreichend dimensionierten Untergrund stehen, dass die Stufen in horizontaler Stellung bleiben. Hängeleitern sind gegen unbeabsichtigtes Aushängen zu sichern. Sie müssen sicher und mit Ausnahme von Strickleitern so befestigt sein, dass sie nicht verrutschen oder in eine Pendelbewegung geraten können.

3.3.3

Das Verrutschen der Leiterfüße von tragbaren Leitern ist während der Verwendung dieser Leitern entweder durch Fixierung des oberen oder unteren Teils der Holme, durch eine Gleitschutzvorrichtung oder durch eine andere, gleich geeignete Maßnahme zu verhindern. Leitern, die als Aufstieg verwendet werden, müssen so beschaffen sein, dass sie weit genug über die Austrittsstelle hinausragen, sofern nicht andere Vorrichtungen ein sicheres Festhalten erlauben. Aus mehreren Teilen bestehende Steckleitern oder Schiebeleitern sind so zu verwenden, dass die Leiterteile unbeweglich miteinander verbunden bleiben. Fahrbare Leitern sind vor ihrer Verwendung so zu arretieren, dass sie nicht wegrollen können.

3.3.4

Leitern sind so zu verwenden, dass die Beschäftigten jederzeit sicher stehen und sich sicher festhalten können. Muss auf einer Leiter eine Last getragen werden, darf dies ein sicheres Festhalten nicht verhindern.

3.4

Besondere Vorschriften für Zugangs- und Positionierungsverfahren unter Zuhilfenahme von Seilen

3.4.1

Bei der Verwendung eines Zugangs- und Positionierungsverfahrens unter Zuhilfenahme von Seilen müssen folgende Bedingungen erfüllt sein:

a)

Das System muss aus mindestens zwei getrennt voneinander befestigten Seilen bestehen, wobei eines als Zugangs-, Absenk- und Haltemittel (Arbeitsseil) und das andere als Sicherungsmittel (Sicherungsseil) dient.

b)

Der Arbeitgeber hat dafür zu sorgen, dass die Beschäftigten geeignete Auffanggurte verwenden, über die sie mit dem Sicherungsseil verbunden sind.

c)

In dem System ist ein Sitz mit angemessenem Zubehör vorzusehen, der mit dem Arbeitsseil verbunden ist.

d)

Das Arbeitsseil muss mit sicheren Mitteln für das Auf- und Abseilen ausgerüstet werden. Hierzu gehört ein selbstsicherndes System, das einen Absturz verhindert, wenn Beschäftigte die Kontrolle über ihre Bewegungen verlieren. Das Sicherungsseil ist mit einer bewegungssynchron mitlaufenden, beweglichen Absturzsicherung auszurüsten.

e)

Werkzeug und anderes Zubehör, das von den Beschäftigten verwendet werden soll, ist an deren Auffanggurt oder Sitz oder unter Rückgriff auf andere, gleich geeignete Mittel so zu befestigen, dass es nicht abfällt und leicht erreichbar ist.

f)

Die Arbeiten sind sorgfältig zu planen und zu beaufsichtigen. Der Arbeitgeber hat dafür zu sorgen, dass den Beschäftigten bei Bedarf unmittelbar Hilfe geleistet werden kann.

g)

Die Beschäftigten, die Zugangs- und Positionierungsverfahren unter Zuhilfenahme von Seilen verwenden, müssen in den vorgesehenen Arbeitsverfahren, insbesondere in Bezug auf die Rettungsverfahren, besonders eingewiesen sein.

3.4.2

Abweichend von Nummer 3.4.1 ist die Verwendung eines einzigen Seils zulässig, wenn die Gefährdungsbeurteilung ergibt, dass die Verwendung eines zweiten Seils eine größere Gefährdung bei den Arbeiten darstellen würde, und geeignete Maßnahmen getroffen werden, um die Sicherheit der Beschäftigten auf andere Weise zu gewährleisten. Dies ist in der Dokumentation der Gefährdungsbeurteilung darzulegen.

4.

45

Besondere Vorschriften für Aufzugsanlagen

4.1

Wer eine Aufzugsanlage nach Anhang 2 Abschnitt 2 Nummer 2 Buchstabe a oder Buchstabe b betreibt, hat dafür zu sorgen, dass im Fahrkorb der Aufzugsanlage ein wirksames Zweiwege-Kommunikationssystem installiert ist, über das ein Notdienst ständig erreicht werden kann. Zu jeder Aufzugsanlage ist ein Notfallplan anzufertigen und dem Notdienst vor der Inbetriebnahme zur Verfügung zu stellen, damit dieser auf Notrufe unverzüglich angemessen reagieren und umgehend sachgerechte Hilfemaßnahmen einleiten kann. Die zur Befreiung Eingeschlossener erforderlichen Einrichtungen sind vor der Inbetriebnahme in unmittelbarer Nähe der Anlage bereitzustellen. Der Notfallplan muss mindestens enthalten:

a)
Standort der Aufzugsanlage,

b)
verantwortlicher Arbeitgeber,

c)
Personen, die Zugang zu allen Einrichtungen der Anlage haben,

d)
Personen, die eine Befreiung Eingeschlossener vornehmen können,

e)
Kontaktdaten der Personen, die Erste Hilfe leisten können (zum Beispiel Notarzt oder Feuerwehr),

f)
Angaben zum voraussichtlichen Beginn einer Befreiung und

g)
die Notbefreiungsanleitung für die Aufzugsanlage.

Die Sätze 1 bis 4 gelten nicht für Baustellenaufzüge und Fassadenbefahranlagen nach Anhang 2 Abschnitt 2 Nummer 2 Buchstabe b.

4.2

Wer eine Aufzugsanlage nach Anhang 2 Abschnitt 2 Nummer 2 betreibt, hat Instandhaltungsmaßnahmen nach § 10 unter Berücksichtigung von Art und Intensität der Nutzung der Anlage zu treffen.

4.3

Im unmittelbaren Bereich einer Aufzugsanlage nach Anhang 2 Abschnitt 2 Nummer 2 dürfen keine Einrichtungen vorhanden sein, die den sicheren Betrieb gefährden können.

4.4

Der Arbeitgeber hat dafür zu sorgen, dass Personen-Umlaufaufzüge nur von durch ihn eingewiesenen Beschäftigten verwendet werden. Der Arbeitgeber darf Personenumlaufaufzüge von anderen Personen als Beschäftigten nur verwenden lassen, wenn er geeignete Maßnahmen zum Schutz anderer Personen vor Gefährdungen durch Personenumlaufaufzüge trifft. Soweit technische Schutzmaßnahmen nicht möglich sind oder nicht ausreichen, hat der Arbeitgeber den erforderlichen Schutz dieser Personen durch andere Maßnahmen sicherzustellen; insbesondere hat er den anderen Personen mögliche Gefährdungen bei der Verwendung von Personenumlaufaufzügen bekannt zu machen, die notwendigen Verhaltensregeln für die Benutzung festzulegen und die erforderlichen Vorkehrungen dafür zu treffen, dass diese Verhaltensregeln von den anderen Personen beachtet werden.

4.5

Der Triebwerksraum einer Aufzugsanlage nach Anhang 2 Abschnitt 2 Nummer 2 darf nur zugangsberechtigten Personen zugänglich sein.

4.6

Wer eine Aufzugsanlage nach Anhang 2 Abschnitt 2 Nummer 2 betreibt, hat sie regelmäßig einer Inaugenscheinnahme und Funktionskontrolle nach § 4 Absatz 5 Satz 3 zu unterziehen.

5.

Besondere Vorschriften für Druckanlagen

5.1

Für die Erprobung von Druckanlagen ist ein schriftliches Arbeitsprogramm aufzustellen. Darin sind die einzelnen Schritte und die hierfür aufgrund der Gefährdungsbeurteilung festzulegenden Maßnahmen aufzunehmen, damit die mit der Erprobung verbundenen Risiken so gering wie möglich bleiben.

5.2

Druckanlagen dürfen nur an dafür geeigneten Orten aufgestellt und betrieben werden. Sie dürfen nicht an solchen Orten aufgestellt und betrieben werden, an denen dies zu Gefährdungen von Beschäftigten oder anderen Personen führen kann.

5.3

Dampfkesseln muss die zum sicheren Betrieb erforderliche Speisewassermenge zugeführt werden, solange sie beheizt werden.

5.4

Druckgase dürfen nur in geeignete Behälter abgefüllt werden.

-

Anhang 2 (zu den §§ 15 und 16)
Prüfvorschriften für überwachungsbedürftige Anlagen
(Fundstelle: BGBl. I 2015, 70 - 86)

Abschnitt 1
Zugelassene Überwachungsstellen

1.

Zulassung von Überwachungsstellen

Zugelassene Überwachungsstellen für die Prüfungen, die nach diesem
Anhang vorgeschrieben oder angeordnet sind, sind Stellen nach § 37 Absatz
1 und 2 des Produktsicherheitsgesetzes. Über die Anforderungen des § 37
Absatz 5 des Produktsicherheitsgesetzes hinaus sind folgende
Voraussetzungen für die Erteilung der Befugnis zu erfüllen:
Die zugelassene Überwachungsstelle muss

a)

eine Haftpflichtversicherung mit einer Deckungssumme von
mindestens 2,5 Millionen Euro besitzen,

b)

mindestens die Prüfung aller überwachungsbedürftigen Anlagen
jeweils nach Abschnitt 2, 3 oder 4 vornehmen können,

c)

eine Leitung haben, welche die Gesamtverantwortung dafür trägt,
dass die Prüftätigkeiten in Übereinstimmung mit den
Bestimmungen dieser Verordnung durchgeführt werden,

d)

ein angemessenes, wirksames Qualitätssicherungssystem mit
regelmäßiger interner Auditierung anwenden,

e)

gewährleisten, dass die mit Prüfungen beschäftigten Personen nur
mit solchen Aufgaben betraut werden, bei deren Erledigung die
Unparteilichkeit der Personen gewahrt bleibt, und

f)

über ein Vergütungssystem verfügen, bei dem die Vergütung der
mit den Prüfungen beschäftigten Personen weder unmittelbar von
der Anzahl der durchgeführten Prüfungen noch von deren
Ergebnissen abhängt.

2.

Zulassung von Prüfstellen von Unternehmen und Unternehmensgruppen

Als zugelassene Überwachungsstellen dürfen Prüfstellen von Unternehmen
und Unternehmensgruppen im Sinne von § 37 Absatz 5 Satz 3 des
Produktsicherheitsgesetzes benannt werden, wenn dies sicherheitstechnisch
angezeigt ist, die Voraussetzungen der Nummer 1 Satz 3 Buchstabe c bis f
erfüllt sind und die Prüfstellen

a)

organisatorisch abgrenzbar sind,

b)

innerhalb des Unternehmens oder der Unternehmensgruppe über
Berichtsverfahren verfügen, die ihre Unparteilichkeit sicherstellen
und belegen,

c)

nicht für die Planung, die Herstellung, den Vertrieb, den Betrieb oder die Instandhaltung der überwachungsbedürftigen Anlage verantwortlich sind,

d)

keinen Tätigkeiten nachgehen, die mit der Unabhängigkeit ihrer Beurteilung und ihrer Zuverlässigkeit im Rahmen ihrer Überprüfungsarbeiten in Konflikt kommen können, und

e)

ausschließlich für das Unternehmen oder die Unternehmensgruppe arbeiten.

Die Prüfstellen dürfen nur für Prüfungen an überwachungsbedürftigen Anlagen im Sinne der Abschnitte 3 und 4 benannt werden. Zu einer Unternehmensgruppe im Sinne von Satz 1 gehören Unternehmen nach den §§ 16 und 17 des Aktiengesetzes sowie Gemeinschaftsunternehmen, an denen das Unternehmen, welchem die Prüfstelle angehört, eine Beteiligung von über 50 Prozent hält.

Abschnitt 2
Aufzugsanlagen

1.

Anwendungsbereich und Ziel

Dieser Abschnitt ist für die Prüfung der in Nummer 2 aufgeführten Aufzugsanlagen vor der erstmaligen Inbetriebnahme und nach prüfpflichtigen Änderungen sowie für wiederkehrende Prüfungen anzuwenden. Die Prüfungen sind mit dem Ziel durchzuführen, den sicheren Betrieb der Aufzugsanlage bis zur nächsten Prüfung zu gewährleisten. Zur Prüfung gehören auch alle aufzugsexternen Sicherheitseinrichtungen, die für die sichere Verwendung der Aufzugsanlage erforderlich sind, wie Überdrucklüftungsanlage oder Notstromversorgung von Feuerwehraufzügen. Bei den Prüfungen nach diesem Abschnitt sollen gleichwertige Ergebnisse von Prüfungen nach anderen Rechtsvorschriften des Bundes und der Länder berücksichtigt werden.

2.

Begriffsbestimmungen

Aufzugsanlagen im Sinne von Nummer 1 sind:

a)

Aufzugsanlagen im Sinne der Richtlinie 2014/33/EU des Europäischen Parlaments und des Rates vom 26. Februar 2014 zur Angleichung der Rechtsvorschriften der Mitgliedstaaten über Aufzüge und Sicherheitsbauteile für Aufzüge (ABl. L 96 vom 29.3.2014, S. 251),

b)

Maschinen im Sinne des Anhangs IV Ziffer 17 der Richtlinie 2006/42/EG des Europäischen Parlaments und des Rates vom 17. Mai 2006 über Maschinen und zur Änderung der Richtlinie 95/16/EG (Neufassung) (ABl. L 157 vom 9.6.2006, S. 24), sofern es sich um Maschinen handelt, die

aa)

vorübergehend ein- oder angebaut werden, um Personen oder Personen und Güter während Bau- oder Instandsetzungsarbeiten auf die unterschiedlichen Stockwerksebenen eines Gebäudes oder Ebenen eines Gerüsts oder Bauwerks zu befördern (Baustellenaufzüge), oder

bb)

ortsfest und dauerhaft montiert, installiert und verwendet werden; hierzu gehören auch Gebäuden zugeordnete Anlagen, die dazu bestimmt sind, Personen mit und ohne Arbeitsgerät und Material aufzunehmen, und deren an Tragmitteln hängende Arbeitsbühnen durch Hubwerke oder durch Hubwerke und Fahrwerke bewegt werden (Fassadenbefahranlagen).

Ausgenommen sind folgende Maschinen:

aa)

Schiffshebewerke,

bb)

Geräte und Anlagen zur Regalbedienung,

cc)

Fahrtreppen und Fahrsteige,

dd)

Schrägbahnen, jedoch nicht Schrägaufzüge,

ee)

handbetriebene Aufzugsanlagen,

ff)

Fördereinrichtungen, die mit Kranen fest verbunden und zur Beförderung der Kranführer bestimmt sind,

gg)

versenkbare Steuerhäuser auf Binnenschiffen,

c)

Personen-Umlaufaufzüge.

3.

Prüfung von Aufzugsanlagen vor Inbetriebnahme und nach prüfpflichtigen Änderungen

3.1

Aufzugsanlagen im Sinne von Nummer 2 Satz 1 sind vor erstmaliger Inbetriebnahme von einer zugelassenen Überwachungsstelle zu prüfen.

3.2

Aufzugsanlagen im Sinne von Nummer 2 sind vor Wiederinbetriebnahme nach prüfpflichtigen Änderungen von einer zugelassenen Überwachungsstelle zu prüfen.

3.3

Bei der Prüfung nach den Nummern 3.1 und 3.2 ist zu prüfen, ob

a)
  die technischen Unterlagen, wie beispielsweise die EG-Konformitätserklärung und der Notfallplan, vorhanden sind und der Inhalt der Notbefreiungsanleitung plausibel ist,

b)
  die Aufzugsanlage entsprechend dieser Verordnung errichtet wurde und sicher verwendet werden kann und

c)
  die elektrische Anlage der Aufzugsanlage vorschriftsmäßig und die Notrufweiterleitung an eine ständig besetzte Stelle gewährleistet ist.

Die Prüfung nach einer prüfpflichtigen Änderung darf sich darauf beschränken zu prüfen, ob die Aufzugsanlage vorschriftsmäßig geändert wurde und sicher funktioniert.

4.

Wiederkehrende Prüfungen von Aufzugsanlagen

4.1

Aufzugsanlagen im Sinne von Nummer 2 sind regelmäßig wiederkehrend von einer zugelassenen Überwachungsstelle zu prüfen (Hauptprüfung). Die Prüfung schließt die Prüfung der Sicherheit der elektrischen Anlage, soweit dies für die Beurteilung der sicheren Verwendung der Aufzugsanlage erforderlich ist, mit ein. Die Fristen für die wiederkehrenden Prüfungen sind vom Arbeitgeber nach § 3 Absatz 6 unter Berücksichtigung der erforderlichen Instandhaltungsmaßnahmen nach Anhang 1 Nummer 4.2 festzulegen. Die Prüffrist darf zwei Jahre nicht überschreiten. § 16 Absatz 2 gilt entsprechend. Stellt die zugelassene Überwachungsstelle bei einer Prüfung fest, dass die Prüffrist unzutreffend festgelegt ist, hat der Arbeitgeber in Abstimmung mit der zugelassenen Überwachungsstelle die Prüffrist zu verkürzen. Ist der Arbeitgeber mit der Verkürzung nicht einverstanden, hat er eine Entscheidung der zuständigen Behörde herbeizuführen.

4.2

Bei der Prüfung nach Nummer 4.1 Satz 1 ist festzustellen, ob

a)
  die für die Prüfung benötigten technischen Unterlagen, insbesondere die EG-Konformitätserklärung und der Notfallplan, vorhanden sind und der Inhalt der Notbefreiungsanleitung plausibel ist und

b)
  sich die Aufzugsanlage in einem dieser Verordnung entsprechenden Zustand befindet und sicher verwendet werden kann.

4.3

Zusätzlich zu der Prüfung nach Nummer 4.1 ist in der Mitte des Prüfzeitraums zwischen zwei Prüfungen nach Nummer 4.1 eine Prüfung durchzuführen (Zwischenprüfung). § 14 Absatz 5 gilt entsprechend. Bei der Prüfung nach Satz 1 ist zu prüfen, ob sich die Aufzugsanlage in einem dieser Verordnung entsprechenden Zustand befindet und sicher verwendet werden kann. Die Prüfung ist von einer zugelassenen Überwachungsstelle durchzuführen.

Abschnitt 3
Explosionsgefährdungen

1.

Anwendungsbereich und Ziel
Dieser Abschnitt gilt für Prüfungen von Arbeitsmitteln und für Prüfungen der technischen Maßnahmen in explosionsgefährdeten Bereichen nach § 2 Absatz 14 der Gefahrstoffverordnung. Die Prüfungen sind mit dem Ziel durchzuführen, den Schutz vor Gefährdungen durch Explosionen und Brände mindestens bis zur nächsten Prüfung sicherzustellen. Bei den Prüfungen sind auch die Wirksamkeit und die Funktion der technischen Schutzmaßnahmen festzustellen, die nach dieser Verordnung und der Gefahrstoffverordnung getroffen wurden. Bei den Prüfungen nach diesem Abschnitt sollen gleichwertige Ergebnisse von Prüfungen nach anderen Rechtsvorschriften des Bundes und der Länder berücksichtigt werden.

2.

Begriffsbestimmung
Anlagen in explosionsgefährdeten Bereichen sind die Gesamtheit der explosionsschutzrelevanten Arbeitsmittel einschließlich der Verbindungselemente sowie der explosionsschutzrelevanten Gebäudeteile.

3.

Zur Prüfung befähigte Personen

3.1

Eine zur Prüfung befähigte Person im Sinne dieses Abschnitts muss über die in § 2 Absatz 6 genannte Qualifikation hinaus

a)
über eine einschlägige technische Berufsausbildung oder eine andere für die vorgesehenen Prüfungsaufgaben ausreichende technische Qualifikation verfügen,

b)
über eine mindestens einjährige Erfahrung mit der Herstellung, dem Zusammenbau, dem Betrieb oder der Instandhaltung der zu prüfenden Anlagen oder Anlagenkomponenten im Sinne dieses Abschnitts verfügen und

c)
ihre Kenntnisse über Explosionsgefährdungen durch Teilnahme an Schulungen oder Unterweisungen auf aktuellem Stand halten.

3.2

Zur Durchführung von Prüfungen nach Nummer 4.2 müssen die zur Prüfung befähigten Personen zusätzlich zu Nummer 3.1 über eine behördliche Anerkennung einer der Prüfaufgabe entsprechenden Qualifikation und über die für die Prüfung erforderlichen Prüfeinrichtungen verfügen. Satz 1 gilt nicht, wenn Geräte, Schutzsysteme oder Sicherheits-, Kontroll- oder Regelvorrichtungen im Sinne der Richtlinie 2014/34/EU nach der Instandsetzung durch den Hersteller einer Prüfung unterzogen werden und der Hersteller bestätigt, dass das Gerät, das Schutzsystem oder die Sicherheits-, Kontroll- oder Regelvorrichtung in den für den Explosionsschutz wesentlichen Merkmalen den Anforderungen dieser Verordnung entspricht.

3.3

Abweichend von Nummer 3.1 muss eine zur Prüfung befähigte Person, die Prüfungen nach den Nummern 4.1 und 5.1 durchführt,

a)

über die in § 2 Absatz 6 genannte Qualifikation hinaus, eine der folgenden Qualifikationen besitzen:

aa)

ein einschlägiges Studium,

bb)

eine einschlägige Berufsausbildung,

cc)

eine vergleichbare technische Qualifikation oder

dd)

eine andere technische Qualifikation mit langjähriger Erfahrung auf dem Gebiet der Sicherheitstechnik,

b)

umfassende Kenntnisse des Explosionsschutzes einschließlich des zugehörigen Regelwerkes besitzen,

c)

eine einschlägige Berufserfahrung aus einer zeitnahen Tätigkeit nachweisen können,

d)

ihre Kenntnisse zum Explosionsschutz auf aktuellem Stand halten und

e)

sich regelmäßig durch Teilnahme an einem einschlägigen Erfahrungsaustausch auf dem Gebiet des Explosionsschutzes fortbilden.

3.4

Führt eine für die Prüfung in explosionsgefährdeten Bereichen zugelassene Überwachungsstelle Prüfungen nach den Nummern 4 und 5 durch, die auch von einer befähigten Person nach Nummer 3 durchgeführt werden dürfen, hat sie dem Arbeitgeber abweichend von §

17 Absatz 1 Satz 2 anstelle einer Prüfbescheinigung eine Aufzeichnung nach § 17 Absatz 1 Satz 1 auszuhändigen.

4.

4.1

Prüfung vor Inbetriebnahme, nach prüfpflichtigen Änderungen und nach Instandsetzung

Anlagen in explosionsgefährdeten Bereichen sind vor der erstmaligen Inbetriebnahme und nach prüfpflichtigen Änderungen auf Explosionssicherheit zu prüfen. Hierbei sind das im Explosionsschutzdokument nach § 6 Absatz 9 Nummer 2 der Gefahrstoffverordnung dargelegte Explosionsschutzkonzept und die Zoneneinteilung zu berücksichtigen. Bei der Prüfung ist festzustellen, ob

a)
  die für die Prüfung benötigten technischen Unterlagen vollständig vorhanden sind,

b)
  die Anlage entsprechend dieser Verordnung errichtet und in einem sicheren Zustand ist und

c)
  die festgelegten technischen und organisatorischen Maßnahmen wirksam sind.

Zusätzlich ist bei Anlagen nach § 18 Satz 1 Absatz 1 Nummer 3 bis 8 zu prüfen, ob die erforderlichen Maßnahmen zum Brandschutz eingehalten sind.

Mit Ausnahme der Anlagen nach § 18 Satz 1 Absatz 1 Nummer 3 bis 8 dürfen die Prüfungen auch von einer zur Prüfung befähigten Person nach Nummer 3.3 durchgeführt werden.

4.2

Geräte, Schutzsysteme und Sicherheits-, Kontroll- oder Regelvorrichtungen im Sinne der Richtlinie 2014/34/EU dürfen nach einer Instandsetzung hinsichtlich eines Teils, von dem der Explosionsschutz abhängt, erst wieder in Betrieb genommen werden, nachdem eine zur Prüfung befähigte Person nach Nummer 3.2 festgestellt hat, dass das Teil in den für den Explosionsschutz wesentlichen Merkmalen den gestellten Anforderungen entspricht.

5.

5.1

Wiederkehrende Prüfungen

Anlagen in explosionsgefährdeten Bereichen sind mindestens alle sechs Jahre auf Explosionssicherheit zu prüfen. Hierbei sind das Explosionsschutzdokument und die Zoneneinteilung zu berücksichtigen. Bei der Prüfung ist festzustellen, ob

a)
  die für die Prüfung benötigten technischen Unterlagen vollständig

vorhanden sind und ihr Inhalt plausibel ist,

b)

die Prüfungen nach den Nummern 5.2 und 5.3 vollständig durchgeführt wurden,

c)

sich die Anlage in einem dieser Verordnung entsprechenden Zustand befindet und sicher verwendet werden kann,

d)

die festgelegten technischen und organisatorischen Maßnahmen wirksam sind und

e)

das Instandhaltungskonzept nach Nummer 5.4 wirksam ist.
Zusätzlich ist bei Anlagen nach § 18 Absatz 1 Satz 1 Nummer 3 bis 8 zu prüfen, ob die erforderlichen Maßnahmen zum Brandschutz eingehalten sind.

Mit Ausnahme der Anlagen nach § 18 Absatz 1 Satz 1 Nummer 3 bis 8 dürfen die Prüfungen auch von einer zur Prüfung befähigten Person nach Nummer 3.3 durchgeführt werden.

5.2

Zusätzlich zur Prüfung nach Nummer 5.1 Satz 1 sind Geräte, Schutzsysteme, Sicherheits-, Kontroll- und Regelvorrichtungen im Sinne der Richtlinie 2014/34/EU mit ihren Verbindungseinrichtungen als Bestandteil einer Anlage in einem explosionsgefährdeten Bereich und deren Wechselwirkungen mit anderen Anlagenteilen wiederkehrend mindestens alle drei Jahre zu prüfen. Die Prüfung kann von einer zur Prüfung befähigten Person nach Nummer 3.1 durchgeführt werden.

5.3

Zusätzlich zu den Prüfungen nach Nummer 5.1 Satz 1 und Nummer 5.2 sind Lüftungsanlagen, Gaswarneinrichtungen und Inertisierungseinrichtungen wiederkehrend jährlich zu prüfen. Die Prüfung kann von einer zur Prüfung befähigten Person nach Nummer 3.1 durchgeführt werden.

5.4

Auf die wiederkehrenden Prüfungen nach den Nummern 5.2 und 5.3 kann verzichtet werden, wenn der Arbeitgeber im Rahmen der Dokumentation der Gefährdungsbeurteilung ein Instandhaltungskonzept festgelegt hat, das gleichwertig sicherstellt, dass ein sicherer Zustand der Anlagen aufrechterhalten wird und die Explosionssicherheit dauerhaft gewährleistet ist. Die Wirksamkeit des Instandhaltungskonzepts ist im Rahmen der Prüfung nach Nummer 4.1 zu bewerten. Die im Rahmen des Änderungs- und Instandsetzungskonzepts durchgeführten Arbeiten und Maßnahmen an der Anlage sind zu dokumentieren und der Behörde auf Verlangen darzulegen.

Abschnitt 4
Druckanlagen

1.

Anwendungsbereich und Ziel

Dieser Abschnitt gilt für die Prüfung der in den Nummern 2.1 und 2.2 aufgeführten Druckanlagen (Anlagen und Anlagenteile) vor der erstmaligen Inbetriebnahme und nach prüfpflichtigen Änderungen sowie für wiederkehrende Prüfungen. Die Prüfungen sind mit dem Ziel durchzuführen, den sicheren Betrieb der Druckanlage bis zur nächsten Prüfung zu gewährleisten. Bei der Prüfung sind die sicherheitsrelevanten Aufstellungs- und Umgebungsbedingungen sowie bei Dampfkesselanlagen der Aufstellungsraum einzubeziehen. Bei den Prüfungen sind auch die Wirksamkeit und die Funktion der nach dieser Verordnung und der Gefahrstoffverordnung getroffenen technischen Schutzmaßnahmen festzustellen. Bei den Prüfungen nach diesem Abschnitt sollen gleichwertige Ergebnisse von Prüfungen nach anderen Rechtsvorschriften des Bundes und der Länder berücksichtigt werden.

2.

Begriffsbestimmungen

2.1

Druckanlagen im Sinne der Nummer 1 sind

a)

Dampfkesselanlagen, die beheizte überhitzungsgefährdete Druckgeräte zur Erzeugung von Dampf oder Heißwasser mit einer Temperatur von mehr als 110 Grad Celsius beinhalten,

b)

Druckbehälteranlagen außer Dampfkessel,

c)

Anlagen zur Abfüllung von verdichteten, verflüssigten oder unter Druck gelösten Gasen einschließlich der Lager- und Vorratsbehälter (Füllanlagen), die dazu bestimmt sind, dass in ihnen folgende Behälter, Geräte oder Fahrzeuge befüllt werden:

aa)

Druckbehälter zum Lagern von Gasen mit Gasen aus ortsbeweglichen Druckgeräten,

bb)

ortsbewegliche Druckgeräte mit Gasen,

cc)

Land-, Wasser- oder Luftfahrzeuge mit Gasen zur Verwendung als Treib- oder Brennstoff,

d)

Rohrleitungsanlagen unter innerem Überdruck für Gase, Dämpfe oder Flüssigkeiten, die nach der Verordnung (EG) Nr. 1272/2008 in deren Anhang I wie folgt eingestuft sind:

aa)

als entzündbare Gase in Nummer 2.2,

bb)
als entzündbare Flüssigkeiten in Nummer 2.6, sofern sie
einen Flammpunkt von höchstens 55 Grad Celsius haben,

cc)
als pyrophore Flüssigkeiten in Nummer 2.9,

dd)
als akut toxisch in Nummer 3.1.2 Kategorie 1 oder 2 oder

ee)
als ätzend in Nummer 3.2.2.6.

Druckanlagen müssen zugleich sein oder enthalten:

a)
Druckgeräte im Sinne der Richtlinie 2014/68/EU des
Europäischen Parlaments und des Rates vom 15. Mai 2014 zur
Harmonisierung der Rechtsvorschriften der Mitgliedstaaten über
die Bereitstellung von Druckgeräten auf dem Markt (ABl. L 189
vom 27.6.2014, S. 164), mit Ausnahme der Druckgeräte im Sinne
des Artikels 4 Absatz 3 dieser Richtlinie,

b)
ortsbewegliche Druckgeräte im Sinne der Richtlinie 2010/35/EG
des Europäischen Parlaments und des Rates vom 16. Juni 2010
über ortsbewegliche Druckgeräte und zur Aufhebung der
Richtlinien des Rates 76/767/EWG, 84/525/EWG, 84/526/EWG,
84/527/EWG und 1999/36/EG (ABl. L 165 vom 30.6.2010, S. 1),
wobei Artikel 1 Absatz 3 der Richtlinie 2010/35/EG keine
Anwendung findet, oder

c)
einfache Druckbehälter im Sinne der Richtlinie 2014/29/EU des
Europäischen Parlaments und des Rates vom 26. Februar 2014
zur Harmonisierung der Rechtsvorschriften der Mitgliedstaaten
über die Bereitstellung einfacher Druckbehälter auf dem Markt
(ABl. L 96 vom 29.3.2014, S. 45), mit Ausnahme von einfachen
Druckbehältern mit einem Druckinhaltsprodukt von höchstens 50
Bar · Liter.

2.2
Anlagenteile im Sinne der Nummer 1 sind

a)
Druckgeräte nach Nummer 2.1 Satz 2 Buchstabe a, die
Druckbehälter sind,

b)
Druckgeräte nach Nummer 2.1 Satz 2 Buchstabe a, die Dampf-
oder Heißwassererzeuger sind,

c)
Druckgeräte nach Nummer 2.1 Satz 2 Buchstabe a, die
Rohrleitungen für die unter Nummer 2.1 Satz 1 Buchstabe d

aufgeführten Fluide sind,

d)

einfache Druckbehälter nach Nummer 2.1 Satz 2 Buchstabe c,

e)

ortsbewegliche Druckgeräte nach Nummer 2.1 Satz 2 Buchstabe b.

Den Anlagenteilen sind ihre Ausrüstungsteile im Sinne des Artikels 2 Nummer 4 der Richtlinie 2014/68/EU zugeordnet sowie alle weiteren, die Sicherheit beeinflussenden Ausrüstungsteile.

2.3

Zuordnung von Anlagenteilen nach Nummer 2.2 zu Nummer 5.9 Tabelle 3 bis 11:

a)

Überhitzte Flüssigkeiten sind Flüssigkeiten, deren Dampfdruck bei der maximal zulässigen Temperatur um mehr als 0,5 Bar über dem normalen Atmosphärendruck (1,013 Bar) liegt.

b)

Fluidgruppe 1 umfasst Fluide, die nach der Verordnung (EG) Nr. 1272/2008 wie folgt eingestuft sind:

aa)

explosive Stoffe/Gemische nach Anhang I Nummer 2.1,

bb)

entzündbare Gase nach Anhang I Nummer 2.2,

cc)

entzündbare Flüssigkeiten nach Anhang I Nummer 2.6,

dd)

pyrophore Flüssigkeiten nach Anhang I Nummer 2.9,

ee)

akut toxisch nach Anhang I Nummer 3.1.2 Kategorie 1,

ff)

akut toxisch nach Anhang I Nummer 3.1.2 Kategorie 2,

gg)

oxidierende Flüssigkeiten nach Anhang I Nummer 2.13,

hh)

oxidierende Gase nach Anhang I Nummer 2.4.

Zur Fluidgruppe 1 zählen entzündbare Flüssigkeiten der Kategorie 3 nur, wenn bei der Verwendung die maximal zulässige Temperatur über dem Flammpunkt liegt, aber begrenzt auf einen Flammpunkt von 55 Grad Celsius. Die Fluidgruppe 2 umfasst alle Fluide, die nicht unter Fluidgruppe 1 genannt sind.

c)

Ätzende Stoffe sind solche nach Anhang I Nummer 3.2.2.6 der Verordnung (EG) Nr. 1272/2008.

2.4

Für die Zuordnung von Anlagenteilen nach Nummer 2.2 zu Nummer 5.9

Tabelle 2 bis 11 kann anstelle des vom Hersteller angegebenen maximal zulässigen Drucks PS auch der vom Arbeitgeber festgelegte und durch ein Ausrüstungsteil mit Sicherheitsfunktion abgesicherte zulässige Betriebsdruck P_B zugrunde gelegt werden. Dieser Betriebsdruck ist in der Gefährdungsbeurteilung zu dokumentieren und in die Prüfbescheinigung oder die Aufzeichnung über die Prüfung vor der erstmaligen Inbetriebnahme oder über die Prüfung nach einer prüfpflichtigen Änderung aufzunehmen.

3.

Zur Prüfung befähigte Personen
Eine zur Prüfung befähigte Person im Sinne dieses Abschnitts muss über die in § 2 Absatz 6 genannte Qualifikation hinaus

a)
über eine einschlägige technische Berufsausbildung verfügen,

b)
über eine mindestens einjährige Erfahrung mit der Herstellung, dem Zusammenbau, dem Betrieb oder der Instandhaltung der zu prüfenden Anlagen oder Anlagenkomponenten im Sinne dieses Abschnitts verfügen und

c)
ihre Kenntnisse über Druckgefährdungen durch Teilnahme an Schulungen oder Unterweisungen, insbesondere zu folgenden Themen, auf aktuellem Stand halten:

aa)
Konstruktions- und Herstellungsverfahren,

bb)
Ausrüstung und Absicherungskonzepte,

cc)
Montage, Installation (Aufstellung) und Betrieb beziehungsweise Verwendung,

dd)
bestimmungsgemäßer Betrieb,

ee)
Gefährdungsbeurteilung,

ff)
Prüfungen, Prüffristen, Prüfverfahren einschließlich der Bewertung der Ergebnisse und

gg)
in der Praxis vorkommende, relevante Einflüsse und Schadensbilder.

4.

Prüfungen von Druckanlagen vor Inbetriebnahme und nach prüfpflichtigen Änderungen

4.1

Anlagen nach Nummer 2.1 einschließlich ihrer Anlagenteile nach

Nummer 2.2 sind vor der erstmaligen Inbetriebnahme und nach prüfpflichtigen Änderungen zu prüfen. Die Prüfung ist von einer zugelassenen Überwachungsstelle durchzuführen. Davon abweichend kann die Prüfung von einer zur Prüfung befähigten Person durchgeführt werden, wenn sich die Anlage ausschließlich aus Anlagenteilen zusammensetzt, die vor der erstmaligen Inbetriebnahme oder nach prüfpflichtigen Änderungen entsprechend Nummer 5.9 Tabelle 2 bis 11 von einer zur Prüfung befähigten Person geprüft werden dürfen. Satz 3 gilt nicht für Anlagen, die Rohrleitungen nach Nummer 5.5 Satz 3 enthalten. Dampfkesselanlagen zur Erzeugung von Dampf oder Heißwasser, die länger als zwei Jahre außer Betrieb waren, dürfen erst wieder in Betrieb genommen werden, nachdem ihre Anlagenteile nach Nummer 2.2 Buchstabe b einer inneren Prüfung unterzogen worden sind.

4.2

Bei der Prüfung vor Inbetriebnahme ist zu prüfen, ob

a)

    die für die Prüfung benötigten technischen Unterlagen, wie beispielsweise die EG-Konformitätserklärung, vorhanden sind und ihr Inhalt plausibel ist und

b)

    die Anlage einschließlich der Anlagenteile entsprechend dieser Verordnung errichtet wurde und in einem sicheren Zustand ist.

Die Prüfung nach einer prüfpflichtigen Änderung darf sich darauf beschränken zu prüfen, ob die Anlage entsprechend dieser Verordnung geändert wurde und sicher funktioniert.

5.

Wiederkehrende Prüfungen von Anlagen und Anlagenteilen

5.1

Anlagen nach Nummer 2.1 und ihre Anlagenteile nach Nummer 2.2 sind wiederkehrend zu prüfen. Die Prüfung ist grundsätzlich von einer zugelassenen Überwachungsstelle durchzuführen. Von Satz 2 abweichende Prüfzuständigkeiten für Anlagenteile sind in Nummer 5.9 Tabelle 2 bis 9 festgelegt. Setzt sich eine Anlage ausschließlich aus Anlagenteilen zusammen, die wiederkehrend von einer zur Prüfung befähigten Person geprüft werden dürfen, darf die Anlage wiederkehrend von einer zur Prüfung befähigten Person geprüft werden.

5.2

Bei der wiederkehrenden Prüfung zu festzustellen, ob

a)

    die für die Prüfung benötigten technischen Unterlagen vorhanden sind und ihr Inhalt plausibel ist,

b)

    sich die Anlage in einem dieser Verordnung entsprechenden

60

c) Zustand befindet und sicher verwendet werden kann und

die festgelegten technischen und organisatorischen Maßnahmen wirksam sind.

5.3 Die vom Arbeitgeber im Rahmen der Gefährdungsbeurteilung festzulegende Prüffrist für die Anlage nach Nummer 2.1 darf zehn Jahre nicht überschreiten.

5.4 Die nach § 3 Absatz 6 im Rahmen der Gefährdungsbeurteilung festzulegende Prüffrist muss bei Anlagen nach diesem Abschnitt spätestens innerhalb von sechs Monaten nach der Inbetriebnahme der Anlage ermittelt werden.

5.5 Wiederkehrende Prüfungen der Anlagenteile nach Nummer 2.2 bestehen aus äußeren Prüfungen, inneren Prüfungen und Festigkeitsprüfungen. Von Nummer 5.1 Satz 2 abweichende Prüfzuständigkeiten sind in Nummer 5.9 Tabelle 2 bis 11 festgelegt. Bei Rohrleitungen mit DN > 25 und PS > 0,5 Bar für Gase, Dämpfe oder überhitzte Flüssigkeiten, die akut toxisch nach Anhang I Nummer 3.1.2 Kategorie 1 der Verordnung (EG) Nr. 1272/2008 sind, müssen die wiederkehrenden Prüfungen jedoch immer von einer zugelassenen Überwachungsstelle durchgeführt werden.

5.6 Äußere Prüfungen von Anlagenteilen können entfallen

a) bei Druckbehältern nach Nummer 2.2 Buchstabe a, es sei denn, sie sind feuerbeheizt, abgasbeheizt oder elektrisch beheizt, und

b) bei einfachen Druckbehältern nach Nummer 2.2 Buchstabe d.

Bei Rohrleitungen nach Nummer 2.2 Buchstabe c können innere Prüfungen entfallen.

5.7 Bei äußeren und inneren Prüfungen von Anlagenteilen können ersetzt werden

a) Besichtigungen durch andere Verfahren und

b) statische Druckproben bei Festigkeitsprüfungen durch zerstörungsfreie Verfahren,

wenn der Arbeitgeber ein von einer zugelassenen Überwachungsstelle bestätigtes Prüfkonzept vorlegt, mit dem sicherheitstechnisch gleichwertige Aussagen erreicht werden. Auf der Grundlage eines Prüfkonzepts können auch Maßnahmen festgelegt werden, auf deren Grundlage eine Prüfaussage getroffen werden kann, ohne dass dazu

61

die Anlage oder Anlagenteile außer Betrieb genommen werden müssen. Ein Prüfergebnis darf nicht von einer Anlage auf eine andere Anlage übertragen werden.

Für Anlagenteile, die nach Nummer 5.9 Tabelle 2 bis 11 wiederkehrend von einer zugelassenen Überwachungsstelle zu prüfen sind, gelten die in Tabelle 1 festgelegten Höchstfristen.

Tabelle 1
Höchstfristen für die wiederkehrenden Prüfungen
von Anlagenteilen durch eine zugelassene Überwachungsstelle

Anlagenteil	Äußere Prüfung	Innere Prüfung	Festigkeitsprüfung
Dampfkessel nach Nummer 5.9 Tabelle 2	1 Jahr	3 Jahre	9 Jahre
Druckbehälter nach Nummer 5.9 Tabelle 3, 4, 5 und 6	2 Jahre (Ausnahmen nach Nummer 5.6 Satz 1)	5 Jahre	10 Jahre
Einfache Druckbehälter nach Nummer 5.9 Tabelle 7	–	5 Jahre	10 Jahre
Rohrleitungen nach Nummer 5.9 Tabelle 8, 9, 10 und 11	5 Jahre	–	5 Jahre

Für Anlagenteile, die nach den Tabellen 2 bis 9 wiederkehrend von einer zur Prüfung befähigten Person geprüft werden dürfen, darf die vom Arbeitgeber im Rahmen einer Gefährdungsbeurteilung festzulegende Prüffrist höchstens zehn Jahre betragen. Abweichend von Satz 1 kann die Frist der Festigkeitsprüfungen auf 15 Jahre verlängert werden, wenn im Rahmen der äußeren beziehungsweise inneren Prüfung nachgewiesen wird, dass die Anlage sicher betrieben werden kann. Der Nachweis ist in der Dokumentation der Gefährdungsbeurteilung darzulegen.

Tabelle 2
Zuordnung und Prüfungen von beheizten
überhitzungsgefährdeten Druckgeräten zur Erzeugung von Dampf
oder Heißwasser
mit einer Temperatur von mehr als 110 Grad Celsius nach Nummer
2.2 Satz 1 Buchstabe b

Prüfgruppe	V [Liter]	PS [Bar]	Prüfgruppengrenzen PS · V [Bar · Liter]	Prüfung vor Inbetriebnahme	Wiederkehrende Prüfung		
					Äußere Prüfung	Innere Prüfung	Festigkeitsprüfung
I	> 2	> 0,5	≤ 50	bP	bP	bP	bP
II	> 2	> 0,5 ≤ 32	50 < PS · V ≤ 200	bP	bP	bP	bP
III	≤ 1 000	> 0,5 ≤ 32	200 < PS · V ≤ 1 000	ZÜS	bP	bP	bP
			1 000 < PS · V ≤ 3 000	ZÜS	ZÜS	ZÜS	ZÜS
IV	PS > 0,5 und V > 1 000 oder PS > 32 oder PS · V > 3 000			ZÜS	ZÜS	ZÜS	ZÜS

Legende: ZÜS – zugelassene Überwachungsstelle; bP – zur Prüfung befähigte Person

Tabelle 3
Zuordnung und Prüfungen von Druckbehältern nach Nummer 2.2 Satz 1
Buchstabe a und e für Gase, Dämpfe und überhitzte Flüssigkeiten der Fluidgruppe
1

Prüfgruppe	V [Liter]	Prüfgruppengrenzen PS [Bar] bzw. PS · V [Bar · Liter]	Prüfung vor Inbetriebnahme	Wiederkehrende Prüfung		
				Äußere Prüfung	Innere Prüfung	Festigkeitsprüfung
I	> 1	PS > 0,5 und 25 < PS · V ≤ 50	bP	bP	bP	bP
II	> 1	PS > 0,5 und 50 < PS · V ≤ 200	bP	bP	bP	bP
III	≤ 1	200 < PS ≤ 1 000	ZÜS	bP	bP	bP
	> 1	0,5 < PS ≤ 1 Bar und 200 < PS · V ≤ 1 000	bP			
		PS > 1 Bar und 200 < PS · V ≤ 1 000	ZÜS			
IV	≤ 1	PS > 1 000	ZÜS	ZÜS	ZÜS	ZÜS
	> 1	0,5 < PS ≤ 1 Bar und PS · V > 1 000	bP	bP	bP	bP
		PS > 1 Bar und PS · V > 1 000	ZÜS	ZÜS	ZÜS	ZÜS

Legende: ZÜS – zugelassene Überwachungsstelle; bP – zur Prüfung befähigte Person

Tabelle 4
Zuordnung und Prüfungen von Druckbehältern nach Nummer 2.2 Satz 1 Buchstabe a und e für Gase, Dämpfe und überhitzte Flüssigkeiten der Fluidgruppe 2

Prüfgruppe	V [Liter]	Prüfgruppengrenzen PS [Bar] bzw. PS · V [Bar · Liter]	Prüfung vor Inbetriebnahme	Wiederkehrende Prüfung		
				Äußere Prüfung	Innere Prüfung	Festigkeitsprüfung
I	> 1	PS > 0,5 und 50 < PS · V ≤ 200	bP	bP	bP	bP
II	> 1	0,5 < PS ≤ 1 und 200 < PS · V ≤ 1 000	bP	bP	bP	bP
		PS > 1 und 200 < PS · V ≤ 1 000	ZÜS			
III	≤ 1	1 000 < PS ≤ 3 000	ZÜS	ZÜS	ZÜS	ZÜS
	> 1	0,5 < PS ≤ 1 und 1 000 < PS · V ≤ 3 000	bP	bP	bP	bP
		PS > 1 und 1 000 < PS · V ≤ 3 000	ZÜS	ZÜS	ZÜS	ZÜS
	> 750	PS > 1 und PS ≤ 4				
IV	≤ 1	PS > 3 000	ZÜS	ZÜS	ZÜS	ZÜS
	> 1	PS > 4 und PS · V > 3 000				

Legende: ZÜS – zugelassene Überwachungsstelle; bP – zur Prüfung befähigte Person

Tabelle 5
Zuordnung und Prüfungen von Druckbehältern nach Nummer 2.2 Satz 1 Buchstabe a und e für nicht überhitzte Flüssigkeiten der Fluidgruppe 1

Prüfgruppe	V [Liter]	Prüfgruppengrenzen PS [Bar] bzw. PS · V [Bar · Liter]	Prüfung vor Inbetriebnahme	Wiederkehrende Prüfung		
				Äußere Prüfung	Innere Prüfung	Festigkeitsprüfung
I	> 1	0,5 < PS ≤ 10 und PS · V > 200	bP	bP	bP	bP
II	≤ 1	PS > 500 PS · V ≤ 1 000	bP	bP	bP	bP
		1 000 < PS · V ≤ 10 000	ZÜS			
		PS · V > 10 000	ZÜS	ZÜS	ZÜS	ZÜS

Prüfgruppe	V [Liter]	Prüfgruppengrenzen PS [Bar] bzw. PS · V [Bar · Liter]	Prüfung vor Inbetrieb-nahme	Wiederkehrende Prüfung		
				Äußere Prüfung	Innere Prüfung	Festigkeitspr üfung
	> 1	10 < PS ≤ 500 und PS · V > 200	ZÜS	bP	bP	bP
III	> 1	PS > 500 PS · V ≤ 10 000	ZÜS	bP	bP	bP
		PS · V > 10 000		ZÜS	ZÜS	ZÜS

Legende: ZÜS – zugelassene Überwachungsstelle; bP – zur Prüfung befähigte Person

Tabelle 6
Zuordnung und Prüfungen von Druckbehältern nach Nummer 2.2
Satz 1 Buchstabe a und e für nicht überhitzte Flüssigkeiten der Fluidgruppe 2

Prüfgruppe	V [Liter]	Prüfgruppengrenzen PS [Bar] bzw. PS · V [Bar · Liter]	Prüfung vor Inbetriebnah me	Wiederkehrende Prüfung		
				Äußere Prüfung	Innere Prüfung	Festigkeits prüfung
I	≤ 10	PS > 1 000 PS · V ≤ 1 000	bP	bP	bP	bP
		1 000 < PS · V ≤ 10 000	ZÜS	bP	bP	bP
		PS · V > 10 000		ZÜS	ZÜS	ZÜS
	> 10	10 < PS ≤ 500 PS · V > 10 000	ZÜS	bP	bP	bP
II	> 10	PS > 500 und PS · V > 10 000	ZÜS	ZÜS	ZÜS	ZÜS

Legende: ZÜS – zugelassene Überwachungsstelle; bP – zur Prüfung befähigte Person

Tabelle 7
Zuordnung und Prüfungen von
einfachen Druckbehältern nach Nummer 2.2 Satz 1 Buchstabe d

Prüfgruppe	Prüfgruppengrenzen PS · V [Bar · Liter]	Prüfung vor Inbetriebnahm e	Wiederkehrende Prüfung	
			Innere Prüfung	Festigkeitsprüfu ng
I	PS > 0,5 und 50 < PS · V ≤ 200	bP	bP	bP
II	PS > 0,5 und 200 < PS · V ≤ 1 000	ZÜS	bP	bP
III	PS > 0,5 und 1 000 < PS · V ≤ 3 000	ZÜS	ZÜS	ZÜS

Prüfgruppe	Prüfgruppengrenzen PS · V [Bar · Liter]	Prüfung vor Inbetriebnahme	Wiederkehrende Prüfung	
			Innere Prüfung	Festigkeitsprüfung
IV	PS > 0,5 und PS · V > 3 000	ZÜS	ZÜS	ZÜS

Legende: ZÜS – zugelassene Überwachungsstelle; bP – zur Prüfung befähigte Person

Tabelle 8
Zuordnung und Prüfungen
von Rohrleitungen nach Nummer 2.2 Satz 1
Buchstabe c für Gase, Dämpfe und überhitzte Flüssigkeiten,
sofern die Eigenschaften nach Nummer 2.1 Satz 1 Buchstabe d gegeben sind,
ausgenommen „ätzend" oder „entzündbare Flüssigkeiten der Kategorie 3"
im Sinne des Anhangs I Nummer 3.1.2 der Verordnung (EG) Nr. 1272/2008,
wenn die Flüssigkeit höchstens bis zum Flammpunkt erwärmt wird

Auf Nummer 5.5 Satz 3 wird hingewiesen.

Prüfgruppe	Prüfgruppengrenzen		Prüfgrenzen	Prüfung vor Inbetriebnahme	Wiederkehrende Prüfung	
	PS [Bar]	DN bzw. PS [Bar] · DN	PS [Bar] · DN		Äußere Prüfung	Festigkeitsprüfung
I	0,5 < PS ≤ 10	25 < DN ≤ 100		bP	bP	bP
	> 10	25 < DN ≤ 100 PS · DN ≤ 1 000				
II	0,5 < PS ≤ 10	100 < DN ≤ 350	≤ 2 000	bP	bP	bP
	10 < PS ≤ 40	1 000 < PS · DN ≤ 3 500	> 2 000	ZÜS	ZÜS	ZÜS
	> 40	25 < DN ≤ 100				
III	0,5 < PS ≤ 10	DN > 350	≤ 2 000	bP	bP	bP
	10 < PS ≤ 35	PS · DN > 3 500	> 2 000	ZÜS	ZÜS	ZÜS
	> 35	DN > 100				

Legende: ZÜS – zugelassene Überwachungsstelle; bP – zur Prüfung befähigte Person

Tabelle 9
Zuordnung und Prüfungen von Rohrleitungen
nach Nummer 2.2 Satz 1 Buchstabe c für Gase, Dämpfe,
überhitzte Flüssigkeiten, sofern die folgenden Eigenschaften
nach Nummer 2.1 Satz 1 Buchstabe d gegeben sind:
„ätzend" und „entzündbare Flüssigkeiten der Kategorie 3"
im Sinne des Anhangs I Nummer 3.1.2 der Verordnung (EG) Nr. 1272/2008,
wenn die Flüssigkeit höchstens bis zum Flammpunkt erwärmt wird

Prüfgruppe	Prüfgruppengrenzen		Prüfgrenzen	Prüfung vor Inbetriebnahme	Wiederkehrende Prüfung	
	PS [Bar]	DN bzw. PS [Bar] · DN	PS [Bar] · DN		Äußere Prüfung	Festigkeitsprüfung
I	$0,5 < PS \leq 31,25$	$PS \cdot DN > 1\,000$	$\leq 2\,000$	bP	bP	bP
	$0,5 < PS \leq 35$	$PS \cdot DN \leq 3\,500$				
	$> 31,25$	$DN > 32$	$> 2\,000$	ZÜS	ZÜS	ZÜS
	> 35	$DN \leq 100$				
II	$0,5 < PS \leq 35$	$PS \cdot DN > 3\,500$		ZÜS	ZÜS	ZÜS
	$0,5 < PS \leq 20$	$PS \cdot DN \leq 5\,000$				
	> 35	$DN > 100$				
	> 20	$DN \leq 250$				
III	$0,5 < PS \leq 20$	$PS \cdot DN > 5\,000$		ZÜS	ZÜS	ZÜS
	> 20	$DN > 250$				

Legende: ZÜS – zugelassene Überwachungsstelle; bP – zur Prüfung befähigte Person

Tabelle 10
Zuordnung und Prüfungen von Rohrleitungen
nach Nummer 2.2 Satz 1 Buchstabe c für nicht überhitzte Flüssigkeiten,
sofern die Eigenschaften nach Nummer 2.1 Satz 1 Buchstabe d gegeben sind,
ausgenommen „ätzend" und „entzündbare Flüssigkeiten der Kategorie 3"
im Sinne des Anhangs I Nummer 3.1.2 der Verordnung (EG) Nr. 1272/2008,
wenn die Flüssigkeit höchstens bis zum Flammpunkt erwärmt wird

Prüfgruppe	Prüfgruppengrenzen		Prüfung vor Inbetriebnahme	Wiederkehrende Prüfung	
	PS [Bar]	DN bzw. PS [Bar] · DN		Äußere Prüfung	Festigkeitsprüfung
I	$0,5 < PS \leq 10$	$PS \cdot DN > 2\,000$	ZÜS	ZÜS	ZÜS
II	$10 < PS \leq 500$	$PS \cdot DN > 2\,000$ und $DN > 25$	ZÜS	ZÜS	ZÜS
III	> 500	$DN > 25$	ZÜS	ZÜS	ZÜS

Legende: ZÜS – zugelassene Überwachungsstelle

Tabelle 11

Prüfgruppe	Prüfgruppengrenzen		Prüfung vor Inbetriebnahme	Wiederkehrende Prüfung	
	PS [Bar]	DN bzw. PS [Bar] · DN		Äußere Prüfung	Festigkeit sprüfung
I	$10 < PS \leq 500$	$PS \cdot DN > 5\,000$ und $DN > 200$	ZÜS	ZÜS	ZÜS
II	> 500	$DN > 200$	ZÜS	ZÜS	ZÜS

Legende: ZÜS – zugelassene Überwachungsstelle

6.

Besondere Prüfanforderungen für bestimmte Anlagen und Anlagenteile

Abweichend zu den in den Nummern 4 und 5 genannten Prüfanforderungen gelten für die in Nummer 6 genannten Anlagen und deren Anlagenteile die nachstehend beschriebenen Prüfanforderungen. Die vom Arbeitgeber festzulegende Prüffrist der wiederkehrenden Prüfungen von in Nummer 6 aufgeführten Anlagen und Anlagenteilen darf zehn Jahre nicht überschreiten, sofern in den nachstehenden Prüfanforderungen nichts anderes bestimmt ist.

6.1

Röhrenöfen in verfahrenstechnischen Anlagen

Röhrenöfen in verfahrenstechnischen Anlagen, die ausschließlich aus Rohranordnungen bestehen, können vor der erstmaligen Inbetriebnahme oder nach einer prüfpflichtigen Änderung und wiederkehrend von einer zur Prüfung befähigten Person geprüft werden.

6.2

Kälte- und Wärmepumpenanlagen

6.2.1

Bei Kälte- und Wärmepumpenanlagen, die mit Kältemitteln in geschlossenem Kreislauf betrieben werden und die wiederkehrend von einer zugelassenen Überwachungsstelle geprüft werden müssen, sind Anlagenprüfungen spätestens alle fünf Jahre durchzuführen.

6.2.2

Wiederkehrende innere Prüfungen und Festigkeitsprüfungen müssen nur durchgeführt werden, wenn das Anlagenteil zu Instandsetzungsarbeiten außer Betrieb genommen wird.

6.3

Kondenstöpfe und Abscheider für Gasblasen

Die Prüfung vor der erstmaligen Inbetriebnahme, die Prüfung nach einer prüfpflichtigen Änderung und die wiederkehrende Prüfung kann von einer zur Prüfung befähigten Person durchgeführt werden bei

a)
   Kondenstöpfen und

b)
   Abscheidern für Gasblasen, bei denen der Gasraum auf höchstens 10 Prozent des Behälterinhalts begrenzt ist.

6.4
Dampfbeheizte Muldenpressen und Pressen zum maschinellen Bügeln

Die Prüfung vor der erstmaligen Inbetriebnahme, die Prüfung nach einer prüfpflichtigen Änderung und die wiederkehrende Prüfung kann von einer zur Prüfung befähigten Person durchgeführt werden bei

a)
   dampfbeheizten Muldenpressen und

b)
   Pressen zum maschinellen Bügeln, Dämpfen, Verkleben, Fixieren und dem Fixieren ähnlichen Behandlungsverfahren von Textilien und Ledererzeugnissen.

6.5
Pressgas-Kondensatoren

Bei Pressgas-Kondensatoren können die Prüfungen vor der erstmaligen Inbetriebnahme oder nach einer prüfpflichtigen Änderung und die wiederkehrenden Prüfungen von einer zur Prüfung befähigten Person durchgeführt werden.

6.6
Nicht direkt beheizte Wärmeerzeuger und Ausdehnungsgefäße in Heizungs- und Kälteanlagen

Die Prüfung vor der erstmaligen Inbetriebnahme, die Prüfung nach einer prüfpflichtigen Änderung und die wiederkehrende Prüfung kann von einer zur Prüfung befähigten Person durchgeführt werden bei

a)
   nicht direkt beheizten Wärmeerzeugern mit einer Heizmitteltemperatur von höchstens 120 Grad Celsius und

b)
   Ausdehnungsgefäßen in Heizungs- und Kälteanlagen mit Wassertemperaturen von höchstens 120 Grad Celsius.

6.7
Anlagenteile für die Erzeugung von Wasserdampf oder Heißwasser durch Wärmerückgewinnung

Bei Anlagenteilen, in denen Wasserdampf oder Heißwasser in einem Herstellungsverfahren durch Wärmerückgewinnung entsteht, richtet sich die Zuordnung der Prüfer nach Nummer 5.9 Tabelle 4. Es gelten die wiederkehrenden Prüffristen aus Nummer 5.8 Tabelle 1 für Druckbehälter nach Nummer 5.9 Tabelle 4. Abweichend von Satz 1 richtet sich die Zuordnung der Prüfer bei Anlagen, in denen Rauchgase gekühlt werden und der entstehende Wasserdampf oder das entstehende Heißwasser nicht überwiegend der Verfahrensanlage zugeführt wird, nach Nummer 5.9 Tabelle 2. Es gelten die wiederkehrenden Prüffristen aus Nummer 5.8 Tabelle 1 für Dampfkessel nach Nummer 5.9 Tabelle 2.

6.8

Rohrleitungen mit Prüfprogramm

Abweichend von Nummer 5.9 Tabelle 8 bis 11 dürfen Prüfungen, die dort einer zugelassenen Überwachungsstelle zugeordnet sind, von einer zur Prüfung befähigten Person durchgeführt werden, wenn

a)

auf der Grundlage der Gefährdungsbeurteilung in einem Prüfprogramm die wiederkehrenden Prüfungen von Rohrleitungen nach Nummer 2.2 Satz 1 Buchstabe c schriftlich festgelegt wurden und

b)

eine zugelassene Überwachungsstelle bescheinigt hat, dass mit den Festlegungen die Anforderungen dieser Verordnung erfüllt werden.

Die zugelassene Überwachungsstelle muss stichprobenweise überprüfen, ob die schriftlichen Festlegungen eingehalten und die Prüfungen durchgeführt werden. Es gelten die Höchstfristen für Rohrleitungen nach Nummer 5.8 Tabelle 1.

6.9

Flaschen für Atemschutzgeräte

6.9.1

An Flaschen für Atemschutzgeräte für Arbeits- und Rettungszwecke müssen alle fünf Jahre äußere Prüfungen, innere Prüfungen, Festigkeitsprüfungen und erforderlichenfalls Gewichtsprüfungen durch eine zugelassene Überwachungsstelle durchgeführt werden.

6.9.2

An Flaschen für Atemschutzgeräte, die als Tauchgeräte verwendet werden, müssen alle zweieinhalb Jahre äußere Prüfungen, innere Prüfungen und erforderlichenfalls Gewichtsprüfungen sowie alle fünf Jahre Festigkeitsprüfungen durch eine zugelassene Überwachungsstelle durchgeführt werden.

6.9.3

Bei Flaschen für Atemschutzgeräte, die mit Ausrüstung als funktionsfertige Baugruppe in Verkehr gebracht werden, entfällt die Prüfung vor Inbetriebnahme, sofern der Hersteller das nächste Prüfdatum auf der Flasche angegeben hat.

6.9.4

Nach einer Prüfung ist jeweils das aktuelle und das nächste Prüfdatum auf dem Flaschenkörper anzugeben. Die Erstellung einer Sammelprüfbescheinigung und deren Vorhaltung beim Arbeitgeber ist ausreichend.

6.10

Druckbehälter mit Gaspolster in Druckflüssigkeitsanlagen

6.10.1

Bei Druckbehältern mit Gaspolster in Druckflüssigkeitsanlagen müssen wiederkehrende innere Prüfungen erst nach zehn Jahren durchgeführt werden, sofern die verwendeten Flüssigkeiten und Gase auf die Behälterwandung keine korrodierende Wirkung haben und die Druckbehälter nach Nummer 5.9 einer der folgenden Prüfgruppen zuzuordnen sind:

a)
    Prüfgruppe IV nach Tabelle 3, sofern PS > 1 Bar beträgt,

b)
    Prüfgruppe III nach Tabelle 4, sofern PS > 1 Bar beträgt, oder

c)
    Prüfgruppe IV nach Tabelle 4.

6.10.2

Bei Ölzwischenbehältern in ölhydraulischen Regelanlagen können die wiederkehrenden Prüfungen nach Nummer 5 entfallen.

6.11

Druckbehälter als Anlagenteile in elektrischen Schaltgeräten und Schaltanlagen

6.11.1

Bei Druckbehältern, die als Anlagenteil nur in elektrischen Schaltgeräten und Schaltanlagen verwendet werden, können die wiederkehrenden inneren Prüfungen bis zu Instandsetzungsarbeiten zurückgestellt werden, wenn sie so mit trockener Luft befüllt sind, dass auf die Behälterwandung keine korrodierende Wirkung ausgeübt wird und nach Nummer 5.9 einer der folgenden Prüfgruppen zuzuordnen sind:

a)
    Prüfgruppe III nach Tabelle 4, sofern PS > 1 Bar beträgt,

b)
    Prüfgruppe IV nach Tabelle 4 oder

c)
    Prüfgruppe IV nach Tabelle 7 mit einem Druckinhaltsprodukt von mehr als 1 000 Bar · Liter.

Abweichend von Satz 1 müssen innere Prüfungen jedoch an Hauptbehältern nach zehn Jahren, an Zwischenbehältern und an den mit den Schaltgeräten unmittelbar verbundenen Behältern nach 15 Jahren durchgeführt werden.

6.11.2

Bei Druckbehältern nach Nummer 6.11.1 können die wiederkehrenden

Festigkeitsprüfungen entfallen. Die inneren Prüfungen sind jedoch durch Festigkeitsprüfungen zu ergänzen, wenn

a)

  prüfpflichtige Änderungen stattgefunden haben oder

b)

  die inneren Prüfungen zur Beurteilung des sicherheitstechnischen Zustands der Behälter nicht ausreichen.

6.11.3

Bei Druckbehältern von Isoliermittel- und Löschmittel-Vorratsbehältern sowie von Hydraulikspeichern in elektrischen Schaltgeräten oder Schaltanlagen, die mit Gasen oder Flüssigkeiten befüllt werden, die auf Behälterwandungen keine korrodierende Wirkung haben, können wiederkehrende Prüfungen entfallen, wenn die Druckbehälter als Anlagenteil einer der folgenden Prüfgruppen nach Nummer 5.9 zuzuordnen sind:

a)

  Prüfgruppe IV nach Tabelle 3,

b)

  Prüfgruppe III nach Tabelle 4, sofern PS > 1 Bar beträgt, oder

c)

  Prüfgruppe IV nach Tabelle 4.

6.11.4

Bei Druckbehältern, die nicht unter die Nummern 6.11.1 bis 6.11.3 fallen, können die Prüfungen vor der erstmaligen Inbetriebnahme oder nach einer prüfpflichtigen Änderung und die wiederkehrenden Prüfungen von einer zur Prüfung befähigten Person durchgeführt werden, wenn die Druckbehälter

a)

  als Anlagenteil in elektrischen Hochspannungsschaltgeräten, Hochspannungsanlagen und gasisolierten Rohrschienen für elektrische Energieübertragung verwendet werden,

b)

  die elektrischen Anlagen für ihre Funktion unter Überdruck stehende Lösch- oder Isoliermittel benötigen und

c)

  einer der folgenden Prüfgruppen nach Nummer 5.9 zuzuordnen sind:

  aa)

    Prüfgruppe IV nach Tabelle 3,

  bb)

    Prüfgruppe III nach Tabelle 4, sofern PS > 1 Bar beträgt, oder

  cc)

    Prüfgruppe IV nach Tabelle 4.

Die wiederkehrenden Prüfungen der Druckbehälter nach Satz 1 können entfallen, sofern diese mit Gasen oder Gasgemischen befüllt sind, die auf Behälterwandungen keine korrodierende Wirkung haben.

6.12

Schalldämpfer in Rohrleitungen

Bei Schalldämpfern, die in Rohrleitungen eingebaut sind, können wiederkehrende innere Prüfungen entfallen.

6.13

Druckbehälter von Feuerlöschgeräten und Löschmittelbehältern

6.13.1

Bei tragbaren Feuerlöschern, die als funktionsfertige Baugruppe in Verkehr gebracht werden, entfällt die Prüfung vor Inbetriebnahme. Die wiederkehrenden Prüfungen dürfen bei tragbaren Feuerlöschern von einer zur Prüfung befähigten Person durchgeführt werden, wenn das Produkt aus maximal zulässigem Druck PS und maßgeblichem Volumen V höchstens 1 000 Bar · Liter beträgt.

6.13.2

Bei Druckbehältern von Feuerlöschern, die nur beim Einsatz unter Druck gesetzt werden, und bei Druckbehältern von Kohlendioxidfeuerlöschern brauchen wiederkehrende Prüfungen nach Ablauf der Prüffristen nur durchgeführt zu werden, wenn diese zu Instandhaltungszwecken geöffnet oder mit Löschmittel wieder oder neu gefüllt/befüllt werden. Bei Feuerlöschgeräten und Löschmittelbehältern können Festigkeitsprüfungen entfallen, wenn als Löschmittel Löschpulver zum Einsatz kommt und bei der inneren Prüfung keine Mängel festgestellt wurden.

6.13.3

Bei tragbaren Feuerlöschern mit Innenauskleidung können wiederkehrende Festigkeitsprüfungen entfallen, sofern bei den inneren Prüfungen keine Beschädigung der Auskleidung festgestellt worden ist. Im Übrigen gilt Nummer 5.8.

6.13.4

Bei Löschmittelbehältern für stationäre Löschanlagen, die zur Speicherung von nicht korrosiv wirkenden Löschgasen dienen, brauchen wiederkehrende Prüfungen nach Ablauf der Prüffristen nur durchgeführt zu werden, wenn die Löschmittelbehälter zu Instandsetzungszwecken geöffnet werden oder wenn nach Gebrauch Löschmittel nachgefüllt wird.

6.14

Druckbehälter und Rohrleitungen mit Auskleidung oder Ausmauerung

6.14.1

Bei Druckbehältern und Rohrleitungen mit Auskleidung können wiederkehrende Festigkeitsprüfungen entfallen, sofern bei den inneren Prüfungen keine Beschädigung der Auskleidung festgestellt worden ist. Im Übrigen gilt Nummer 5.8.

6.14.2

Bei Druckbehältern und Rohrleitungen mit Ausmauerung können die wiederkehrenden Prüfungen entfallen. Abweichend von Satz 1 müssen jedoch innere Prüfungen durchgeführt werden, wenn

a)

Teile der Ausmauerung im Ausmaß von 1 Quadratmeter oder mehr entfernt worden sind,

b)

Wandungen freigelegt worden sind oder

c)

Anfressungen oder Schäden an den Wandungen der Behälter oder Rohrleitungen festgestellt worden sind. Abweichend von den Sätzen 1 und 2 müssen innere Prüfungen und Festigkeitsprüfungen durchgeführt werden, wenn die Ausmauerung vollständig entfernt worden ist.

6.14.3

Druckbehälter und Rohrleitungen mit einem Zwischenraum zwischen Auskleidung und Mantel müssen nicht wiederkehrend geprüft werden, wenn der Zwischenraum im Hinblick auf die Dichtheit der Auskleidung geprüft wird und

a)

das Verfahren auf Überprüfung der Dichtheit von der zugelassenen Überwachungsstelle auf Zuverlässigkeit und Eignung überprüft worden ist und

b)

in den Prüfaufzeichnungen nach § 17 ein Nachweis über die Prüfung des Zwischenraums enthalten ist. Bei Druckbehältern nach Satz 1 ist die Prüfung durchzuführen, wenn sie im Rahmen von Instandsetzungsarbeiten nach Ablauf der Fristen nach Nummer 5.8 Tabelle 1 so geöffnet werden, dass sie einer inneren Prüfung zugänglich und nach Nummer 5.9 einer der folgenden Prüfgruppen zuzuordnen sind:

a)

Prüfgruppe IV nach Tabelle 3,

b)

Prüfgruppe III nach Tabelle 4, sofern PS > 1 Bar beträgt, oder

c)

Prüfgruppe IV nach Tabelle 4.

6.15

Ortsfeste Druckbehälter für körnige oder staubförmige Güter
Bei ortsfesten Druckbehältern für körnige oder staubförmige Güter können wiederkehrende Festigkeitsprüfungen entfallen. Sofern Hinweise auf eine Schädigung der drucktragenden Wandung vorliegen, sind bei der inneren Prüfung zusätzlich zerstörungsfreie Prüfverfahren einzusetzen. Im Übrigen gilt Nummer 5.8.

6.16

Fahrzeugbehälter für flüssige, körnige oder staubförmige Güter

6.16.1

Bei Fahrzeugbehältern für flüssige, körnige oder staubförmige Güter ohne eigene Sicherheitseinrichtungen beginnt die Frist für die wiederkehrenden Prüfungen mit dem Herstellungsdatum des Behälters.

6.16.2

Bei Fahrzeugbehältern für körnige oder staubförmige Güter können die wiederkehrenden Festigkeitsprüfungen entfallen.

6.16.3

Im Rahmen der wiederkehrenden inneren Prüfungen der Fahrzeugbehälter sind stichprobenweise zerstörungsfreie Prüfungen, zum Beispiel Oberflächenrissprüfungen, an hochbeanspruchten Schweißnähten durchzuführen.

6.16.4

Bei Straßenfahrzeugbehältern für flüssige, körnige oder staubförmige Güter müssen nach zwei Jahren äußere Prüfungen von einer zugelassenen Überwachungsstelle durchgeführt werden, wenn sie nach Nummer 5.9 einer der folgenden Prüfgruppen zuzuordnen sind:

a)
  Prüfgruppe IV nach Tabelle 3,

b)
  Prüfgruppe III nach Tabelle 4, sofern PS > 1 Bar beträgt, oder

c)
  Prüfgruppe IV nach Tabelle 4.

6.17

Druckbehälter für nicht korrodierend wirkende Gase oder Gasgemische

6.17.1

An nicht erdgedeckten Druckbehältern für Gase oder Gasgemischen, die auf die Behälterwandung keine korrodierende Wirkung haben, sind die inneren Prüfungen von einer zugelassenen Überwachungsstelle spätestens nach zehn Jahren durchzuführen, wenn sie nach Nummer 5.9 einer der folgenden Prüfgruppen zuzuordnen sind:

a)
  Prüfgruppe IV nach Tabelle 3, sofern PS > 1 Bar beträgt,

b)
  Prüfgruppe III nach Tabelle 4, sofern PS > 1 Bar beträgt, oder

c)
  Prüfgruppe IV nach Tabelle 4.

6.17.2

Besteht die drucktragende Wandung von nicht erdgedeckten Druckbehältern für Gase oder Gasgemischen, die auf die Behälterwandung keine korrodierende Wirkung haben, weder ganz noch teilweise aus hochfesten Feinkornbaustählen, können die wiederkehrenden Festigkeitsprüfungen entfallen, wenn

a)

die Prüfung vor der erstmaligen Inbetriebnahme oder nach einer prüfpflichtigen Änderung höchstens zehn Jahre zurückliegt oder

b)

bei der zuletzt durchgeführten inneren Prüfung keine Mängel festgestellt worden sind.

6.17.3

An nicht erdgedeckten Druckbehältern für Gase oder Gasgemische, die auf die Behälterwandung keine korrodierende Wirkung haben, kann bei der wiederkehrenden Prüfung auf die Besichtigung der inneren Wandung verzichtet werden, wenn die Behälter

a)

ausschließlich der Lagerung von Propan, Butan oder deren Gemischen mit einem genormten Reinheitsgrad dienen,

b)

keine Einbauten, zum Beispiel Heizungen oder Versteifungsringe, haben und

c)

höchstens 3 Tonnen Fassungsvermögen haben.

6.17.4

Erdgedeckte Druckbehälter für Gase oder Gasgemische, die auf die Behälterwandung keine korrodierende Wirkung haben, sind den Druckbehältern nach Nummer 6.17.1 gleichgestellt, wenn sie durch besondere Schutzmaßnahmen gegen Beschädigungen durch chemische und mechanische Einwirkungen geschützt und nach Nummer 5.9 einer der folgenden Prüfgruppen zuzuordnen sind:

a)

Prüfgruppe IV nach Tabelle 3,

b)

Prüfgruppe III nach Tabelle 4, sofern PS > 1 Bar beträgt, oder

c)

Prüfgruppe IV nach Tabelle 4.

Zu den besonderen Schutzmaßnahmen gegen Beschädigungen nach Satz 1 gehört insbesondere die Ausrüstung mit

a)

Bitumenumhüllungen und zusätzlichem kathodischem Korrosionsschutz,

b)

zusätzlichem Außenbehälter aus Stahl und einer Lecküberwachung des Zwischenraums oder

c)

einer Außenbeschichtung mit geeigneten Beschichtungsstoffen, die den Beanspruchungen bei bestimmungsgemäßer Verwendung standhalten.

Die besonderen Schutzmaßnahmen nach Satz 2 sind in die Prüfung vor der erstmaligen Inbetriebnahme oder nach einer prüfpflichtigen Änderung einzubeziehen. Wiederkehrend zu prüfen sind:

a)
   die Wirksamkeit von kathodischem Korrosionsschutz jährlich von einer zur Prüfung befähigten Person,

b)
   die Funktion der Einrichtungen für kathodischen Korrosionsschutz und die Lecküberwachung alle zwei Jahre von einer zur Prüfung befähigten Person und

c)
   kathodische Korrosionsschutzanlagen mit Fremdstrom alle vier Jahre von einer zugelassenen Überwachungsstelle.

6.17.5
Bei elektrisch beheizten Druckbehältern nach Nummer 5.9 Tabelle 4 der Prüfgruppe III, sofern PS > 1 Bar beträgt, und der Prüfgruppe IV für Kohlensäure können die äußeren Prüfungen von einer zur Prüfung befähigten Person durchgeführt werden.

6.17.6
Die Prüfung von Druckbehältern zum Verdampfen von nichtkorrodierend wirkenden Gasen oder Gasgemischen, die ausschließlich aus Rohranordnungen bestehen, darf vor der erstmaligen Inbetriebnahme oder nach einer prüfpflichtigen Änderung unabhängig von ihrem maximal zulässigen Druck und ihrem Volumen von einer zur Prüfung befähigten Person durchgeführt werden. Wiederkehrende innere Prüfungen und Festigkeitsprüfungen müssen nur durchgeführt werden, wenn die Druckbehälter für Instandsetzungsarbeiten außer Betrieb genommen werden. Die Prüfung nach Satz 2 darf von einer zur Prüfung befähigten Person durchgeführt werden.

6.17.7
Die Aufstellung von Behältern, die in Serie gefertigt wurden und die nach Nummer 5.9 Tabelle 3 und 4 in die Prüfzuständigkeit einer zugelassenen Überwachungsstelle fallen, kann von einer zur Prüfung befähigten Person geprüft werden, wenn der Behälter mit Ausrüstung als Baugruppe im Sinne der Richtlinie 2014/68/EU in Verkehr gebracht wurde und die Ausrüstung im Sinne des Artikels 2 Nummer 4 und 5 der Richtlinie 2014/68/EU in der Baugruppe enthalten ist.

6.18

Druckbehälter und daran angeschlossene Rohrleitungen für Gase oder Gasgemische mit Betriebstemperaturen von weniger als –10 Grad Celsius

Bei Druckbehältern und daran angeschlossenen Rohrleitungen für Gase oder Gasgemische, deren Betriebstemperaturen dauernd unter –10 Grad Celsius gehalten werden, müssen die wiederkehrenden inneren Prüfungen und

Festigkeitsprüfungen nur durchgeführt werden, wenn die Druckbehälter und Rohrleitungen für Instandsetzungsarbeiten außer Betrieb genommen werden. Diese Prüfungen müssen von zugelassenen Überwachungsstellen durchgeführt werden, auch wenn der zulässige maximale Druck weniger als 1 Bar beträgt.

6.19

Druckbehälter und daran angeschlossene Rohrleitungen für Gase oder Gasgemische in flüssigem Zustand

6.19.1

Bei Druckbehältern und daran angeschlossene Rohrleitungen für entzündbare Gase und Gasgemische in flüssigem Zustand, die auf die Wandungen der Behälter und Rohrleitungen

a)

korrodierende Wirkung haben, müssen alle zwei Jahre äußere Prüfungen von einer zugelassenen Überwachungsstelle durchgeführt werden,

b)

keine korrodierende Wirkung haben, müssen alle zwei Jahre äußere Prüfungen von einer zur Prüfung befähigten Person durchgeführt werden.

6.19.2

Bei beheizten Druckbehältern zum Lagern entzündbarer Gase oder Gasgemische in flüssigem Zustand müssen alle zwei Jahre äußere Prüfungen von einer zugelassenen Überwachungsstelle durchgeführt werden.

6.19.3

Bei Druckbehältern für Gase oder Gasgemische in flüssigem Zustand, die zur Durchführung wiederkehrender Prüfungen von ihrem Aufstellungsort entfernt und nach Durchführung dieser Prüfungen an einem anderen Ort wieder aufgestellt werden, kann die erneute Prüfung vor Inbetriebnahme entfallen,

a)

sofern die Anschlüsse und die Ausrüstungsteile des Druckbehälters nicht geändert worden sind und

b)

am neuen Aufstellungsort bereits eine Prüfung der dort vorhandenen Anlagenteile vor Inbetriebnahme eines gleichartigen Druckbehälters durchgeführt worden ist.

6.19.4

Die Prüfungen nach den Nummern 6.19.1 und 6.19.2 gelten abweichend von § 16 Absatz 3 als fristgerecht durchgeführt, wenn sie bis zum Ende des Jahres ihrer Fälligkeit durchgeführt werden.

6.20

Rotierende dampfbeheizte Zylinder

An rotierenden dampfbeheizten Zylindern müssen wiederkehrende

Festigkeitsprüfungen nur durchgeführt werden, wenn die Zylinder aus dem Maschinengestell ausgebaut werden und die Wandstärken entsprechend sicher dimensioniert sind. Im Übrigen gilt Nummer 5.8.

6.21

Steinhärtekessel

6.21.1

An Steinhärtekesseln nach Nummer 5.9 Tabelle 4 müssen die wiederkehrenden inneren Prüfungen alle zwei Jahre durchgeführt werden.

6.21.2

An instandgesetzten Steinhärtekesseln mit eingesetzten Flicken müssen die Reparaturbereiche jährlich einer Oberflächenrissprüfung durch eine zugelassene Überwachungsstelle unterzogen werden.

6.21.3

In Bereichen von Flicken mit einer Länge von über 400 Millimetern in Längsrichtung muss die erste Oberflächenrissprüfung nach Nummer 6.21.2 ein halbes Jahr nach der Reparatur durchgeführt werden.

6.21.4

Auf die Prüfungen nach Nummer 6.21.2 kann verzichtet werden, wenn bei fünf aufeinanderfolgenden Prüfungen der Reparaturbereiche keine Mängel festgestellt wurden.

6.22

Druckbehälter und Rohrleitungen aus Glas

6.22.1

Bei Druckbehältern und Rohrleitungen aus Glas, ausgenommen Versuchsautoklaven nach Nummer 6.24, können die wiederkehrenden Prüfungen nach Nummer 5 entfallen. Falls die Behälter oder die Rohrleitungen durch abtragende Medien beansprucht werden, müssen in Zeitabständen, die entsprechend den Betriebsbeanspruchungen festzulegen sind, die Wanddicken von einer zur Prüfung befähigten Person gemessen werden.

6.22.2

An Anlagen mit Druckbehältern und Rohrleitungen aus Glas muss vor der erstmaligen Inbetriebnahme oder nach einer prüfpflichtigen Änderung zusätzlich eine Dichtheitsprüfung von einer zur Prüfung befähigten Person durchgeführt werden.

6.23

Druckbehälter in Wärmeübertragungsanlagen

6.23.1

Bei Druckbehältern in Wärmeübertragungsanlagen, in denen Wärmeträgeröle erhitzt werden oder in denen diese Wärmeträgeröle oder ihre Dämpfe zur Wärmeabgabe verwendet werden, müssen folgende Prüfungen von einer zugelassenen Überwachungsstelle durchgeführt werden:

a)

eine Prüfung vor der erstmaligen Inbetriebnahme oder nach einer prüfpflichtigen Änderung, wenn das Produkt aus dem maximal zulässigen Druck PS und dem maßgeblichen Volumen V mehr als 100 Bar · Liter beträgt, und

b)

wiederkehrende Prüfungen, wenn das Produkt aus dem maximal zulässigen Druck PS und dem maßgeblichen Volumen V mehr als 500 Bar · Liter beträgt. Im Übrigen gilt Nummer 5.8.

6.23.2
Wärmeübertragungsanlagen mit Behältern nach Nummer 6.23.1 und Teile dieser Anlagen dürfen vor der erstmaligen Inbetriebnahme sowie nach einer Instandsetzung oder einer prüfpflichtigen Änderung nur in Betrieb genommen werden, nachdem sie von einer zur Prüfung befähigten Person auf Dichtheit geprüft worden sind.

6.23.3
Wärmeübertragungsanlagen mit Behältern nach Nummer 6.23.1 dürfen nur betrieben werden, wenn der Wärmeträger mindestens einmal jährlich von einer zur Prüfung befähigten Person auf weitere Verwendbarkeit geprüft worden ist.

6.24

Versuchsautoklaven

6.24.1
An Versuchsautoklaven müssen wiederkehrend innere Prüfungen und Festigkeitsprüfungen von einer zugelassenen Überwachungsstelle durchgeführt werden, wenn das Produkt aus dem maximal zulässigen Druck PS und dem maßgeblichen Volumen V mehr als 100 Bar · Liter beträgt. Im Übrigen gilt Nummer 5.8.

6.24.2
Versuchsautoklaven müssen nach jeder Verwendung von einer zur Prüfung befähigten Person geprüft werden.

6.25

Heizplatten in Wellpappenerzeugungsanlagen
An Heizplatten in Wellpappenerzeugungsanlagen brauchen wiederkehrende Festigkeitsprüfungen nur durchgeführt zu werden, wenn die Heizplatten aus dem Maschinengestell ausgebaut werden. Innere Prüfungen können entfallen.

6.26

Wassererwärmungsanlagen für Trink- oder Brauchwasser
Bei Druckbehältern, die der Beheizung von geschlossenen Wasserräumen in Wassererwärmungsanlagen mit einer zulässigen maximalen Temperatur des Heizmittels von höchstens 110 Grad Celsius dienen, können die Prüfung vor der erstmaligen Inbetriebnahme oder nach einer prüfpflichtigen Änderung und die wiederkehrenden Prüfungen von einer zur Prüfung befähigten Person vorgenommen werden. Wiederkehrende Prüfungen sind jährlich durchzuführen, wenn Wärmeträgermedien Stoffe oder Gemische enthalten,

die nach Artikel 3 der Verordnung (EG) Nr. 1272/2008 in ihrer jeweiligen Fassung gefährlich sind. Im Übrigen gelten die Nummern 5.6 und 5.9.

6.27   Pneumatische Weinpressen (Membranpressen, Schlauchpressen)

6.27.1   An Druckbehältern zum Pressen von Weintrauben können die wiederkehrenden Prüfungen nach Nummer 5 entfallen, sofern sie jährlich mindestens einmal von einer zur Prüfung befähigten Person auf sichtbare Schäden geprüft worden sind. Werden jedoch an druckbeanspruchten Teilen Schäden festgestellt oder Instandsetzungsarbeiten vorgenommen, müssen innere Prüfungen und Festigkeitsprüfungen durchgeführt werden. Bei Druckbehältern, die nach Nummer 5.9 Tabelle 4 den Prüfgruppen II, III oder IV zuzuordnen sind, ist die Prüfung nach Satz 2 von einer zugelassenen Überwachungsstelle durchzuführen.

6.27.2   Ausrüstungsteile von Druckbehältern nach Nummer 6.27.1 müssen wiederkehrend alle fünf Jahre geprüft werden, und zwar

a)   bei Druckbehältern nach Nummer 5.9 Tabelle 4 der Prüfgruppe III, sofern PS > 1 Bar beträgt und eine Zuordnung zur Prüfgruppe IV vorliegt, von einer zugelassenen Überwachungsstelle,

b)   im Übrigen von einer zur Prüfung befähigten Person.

6.28   Plattenwärmetauscher

Bei Plattenwärmetauschern, die aus lösbar verbundenen Platten bestehen, können die Prüfungen vor der erstmaligen Inbetriebnahme oder nach einer prüfpflichtigen Änderung und die wiederkehrenden Prüfungen entfallen.

6.29   Lagerbehälter für Lebensmittel

6.29.1   Bei Druckbehältern nach Nummer 5.9 Tabelle 4, die der Lagerung von Lebensmitteln dienen, können die wiederkehrenden Prüfungen nach Nummer 5.5 entfallen, sofern die Druckbehälter jährlich mindestens einmal von einer zur Prüfung befähigten Person auf sichtbare Schäden geprüft worden sind.

6.29.2   Ausrüstungsteile von Druckbehältern nach Nummer 6.29.1, die unter Druck gefüllt, entleert oder sterilisiert werden, müssen vor der erstmaligen Inbetriebnahme, nach einer prüfpflichtigen Änderung und wiederkehrend alle fünf Jahre geprüft werden. Die Prüfungen sind von zugelassenen Überwachungsstellen durchzuführen, wenn der zulässige Betriebsdruck mehr als 1 Bar beträgt.

6.30

81

Verwendungsfertige Druckanlagen und Druckgeräte in verwendungsfertigen Maschinen

6.30.1

Verwendungsfertige Druckanlagen

Bei verwendungsfertig, serienmäßig hergestellten Druckanlagen mit Druckgeräten im Sinne der Richtlinie 2014/68/EU oder mit einfachen Druckbehältern im Sinne der Richtlinie 2014/29/EU kann eine Prüfung vor Inbetriebnahme ohne Bezug auf einen Aufstellplatz an einem Muster durch eine zugelassene Überwachungsstelle durchgeführt werden, sofern für Geräte oder Behälter das Produkt aus maximal zulässigem Druck PS und maßgeblichem Volumen V höchstens 1 000 Bar · Liter beträgt. Die Prüfung vor Inbetriebnahme hinsichtlich der Aufstellungsbedingungen darf von einer zur Prüfung befähigten Person durchgeführt werden.

6.30.2

Druckgeräte in verwendungsfertigen Maschinen

Bei verwendungsfertig hergestellten Maschinen mit eingebauten Druckgeräten im Sinne von Nummer 2.1 Satz 2 Buchstabe a und b oder einfachen Druckbehältern im Sinne von Nummer 2.1 Satz 2 Buchstabe c beschränkt sich die Prüfung vor der erstmaligen Inbetriebnahme darauf zu prüfen, ob die für die Prüfung benötigten technischen Unterlagen vorhanden sind und ihr Inhalt plausibel ist. Satz 1 gilt jedoch nur, wenn die Konformitätsbescheinigung die zutreffende Auswahl der Druckgeräte für die vorgesehene Betriebsweise sowie die sichere Montage und Installation in der Maschine abdeckt und nachweislich die Sicherheit der Druckgeräte nicht von den Aufstellungsbedingungen der Maschine abhängt.

6.31

Anlagen, die bestimmungsgemäß für den ortsveränderlichen Einsatz verwendet werden

Bei Druckbehälteranlagen im Sinne von Nummer 2.1 Satz 1 Buchstabe b, die an wechselnden Aufstellungsorten verwendet werden, ist nach dem Wechsel des Aufstellungsortes eine erneute Prüfung vor Inbetriebnahme nicht erforderlich, wenn

a)

eine Bescheinigung über eine andernorts durchgeführte Prüfung vor Inbetriebnahme vorliegt,

b)

sich keine neue Betriebsweise ergeben hat und die Anschlussverhältnisse sowie die Ausrüstung unverändert bleiben und

c)

an die Aufstellung keine besonderen Anforderungen zu stellen sind.

Bei besonderen Anforderungen an die Aufstellung genügt es, wenn die sichere Aufstellung am Betriebsort von einer zur Prüfung befähigten Person geprüft wird und hierüber eine Bescheinigung vorliegt.

6.32

Ortsfeste Füllanlagen für Gase

Die Prüfungen nach Nummer 4.1 für Füllanlagen nach Nummer 2.1 Satz 1 Buchstabe c Doppelbuchstabe bb und cc einschließlich der Anlagenteile sind von einer zugelassenen Überwachungsstelle durchzuführen. Bei Füllanlagen nach Nummer 2.1 Satz 1 Buchstabe c Doppelbuchstabe aa und bb können die wiederkehrenden Prüfungen von einer zur Prüfung befähigten Person durchgeführt werden. Bei Füllanlagen nach Nummer 2.1 Satz 1 Buchstabe c Doppelbuchstabe cc sind die wiederkehrenden Prüfungen alle fünf Jahre von einer zugelassenen Überwachungsstelle durchzuführen.

6.33

Druckbehälter mit Schnellverschlüssen

An Schnellverschlüssen von Druckbehältern müssen zusätzlich mindestens alle zwei Jahre wiederkehrende äußere Prüfungen nach den Prüfzuständigkeiten der Tabellen 3 und 4 durchgeführt werden, wenn sie nach Nummer 5.9 einer der folgenden Prüfgruppen zuzuordnen sind:

a)

Prüfgruppe IV nach Tabelle 3 oder

b)

Prüfgruppe III oder IV nach Tabelle 4.

6.34

Ortsbewegliche Druckgeräte nach Anhang 2 Abschnitt 4 Nummer 2.1 Satz 2 Buchstabe b

Bei ortsbeweglichen Druckgeräten im Sinne der Richtlinie 2010/35/EU, die befüllt und an einem anderen Ort entleert werden, darf von Prüfungen nach Abschnitt 4 Nummer 4 und 5 abgesehen werden, wenn die ortsbeweglichen Druckgeräte den Anforderungen der Richtlinie 2010/35/EU für Prüfung und Verwendung entsprechen.

-

Anhang 3 (zu § 14 Absatz 4)
Prüfvorschriften für bestimmte Arbeitsmittel

(Fundstelle: BGBl. I 2015, 87   00)

Abschnitt 1
Krane

1.

Anwendungsbereich und Ziel

1.1

Dieser Abschnitt gilt für Prüfungen folgender Krane (Hebezeuge):
Laufkatzen, Ausleger-, Dreh-, Derrick-, Brücken-, Wandlauf-, Portal-, Schwenkarm-, Turmdreh-, Fahrzeug-, Lkw-, Lade-, Lkw-Anbau-, Schwimm-, Offshore- und Kabelkrane. Für Lkw-Ladekrane, deren

Lastmoment mehr als 300 Kilonewtonmeter oder deren Auslegerlänge mehr als 15 Meter beträgt, gelten die Prüfvorschriften, wie sie in diesem Abschnitt für Fahrzeugkrane festgelegt sind.

1.2

Die Prüfungen sind mit dem Ziel durchzuführen, den Schutz der Beschäftigten vor Gefährdungen durch die genannten Krane sicherzustellen.

2.

Prüfsachverständige

Prüfsachverständige im Sinne dieses Abschnitts sind zur Prüfung befähigte Personen nach § 2 Absatz 6, die zusätzlich

a)

eine abgeschlossene Ausbildung als Ingenieur haben oder vergleichbare Kenntnisse und Erfahrungen in der Fachrichtung aufweisen, auf die sich ihre Tätigkeit bezieht,

b)

mindestens drei Jahre Erfahrung in der Konstruktion, dem Bau, der Instandhaltung oder der Prüfung von Kranen haben und davon mindestens ein halbes Jahr an der Prüftätigkeit eines Prüfsachverständigen beteiligt waren,

c)

ausreichende Kenntnisse über die einschlägigen Vorschriften und Regeln besitzen,

d)

über die für die Prüfung erforderlichen Einrichtungen und Unterlagen verfügen und

e)

ihre fachlichen Kenntnisse auf aktuellem Stand halten.

3.

Prüffristen, Prüfzuständigkeiten und Prüfaufzeichnungen

3.1

Für kraftbetriebene Krane gelten die in Tabelle 1 festgelegten Prüffristen und Prüfzuständigkeiten.

3.2

Für handbetriebene oder teilkraftbetriebene Krane gelten die in Tabelle 2 festgelegten Prüffristen und Prüfzuständigkeiten.

3.3

Abweichend von § 14 Absatz 7 Satz 1 sind Aufzeichnungen über die gesamte Verwendungsdauer des Arbeitsmittels aufzubewahren.

3.4

Die in den Tabellen 1 und 2 genannten Krane sind nach außergewöhnlichen Ereignissen durch eine zur Prüfung befähigte Person nach § 2 Absatz 6 und nach Änderungen durch einen Prüfsachverständigen zu prüfen. § 14 Absatz 3 Satz 1 findet insoweit keine Anwendung. § 14 Absatz 2 bleibt unberührt.

84

Tabelle 1
Prüffristen und Prüfzuständigkeiten für bestimmte Krane

Kran	Prüfung nach der Montage, Installation und vor der ersten Inbetriebnahme	Wiederkehrende Prüfung
Laufkatzen	Prüfsachverständiger	mindestens jährlich durch eine zur Prüfung befähigte Person nach § 2 Absatz 6
Ausleger- und Drehkrane	Prüfsachverständiger	mindestens jährlich durch eine zur Prüfung befähigte Person nach § 2 Absatz 6
Derrickkrane	Prüfung entfällt wegen § 14 Absatz 1 Satz 3	mindestens jährlich durch eine zur Prüfung befähigte Person nach § 2 Absatz 6 und mindestens alle 4 Betriebsjahre durch einen Prüfsachverständigen
Brückenkrane, Wandlaufkrane	Prüfsachverständiger	mindestens jährlich durch eine zur Prüfung befähigte Person nach § 2 Absatz 6
Portalkrane	Prüfsachverständiger	mindestens jährlich durch eine zur Prüfung befähigte Person nach § 2 Absatz 6
Schwenkarmkrane	Prüfsachverständiger	mindestens jährlich durch eine zur Prüfung befähigte Person nach § 2 Absatz 6
Turmdrehkrane	zur Prüfung befähigte Person nach § 2 Absatz 6	mindestens jährlich durch eine zur Prüfung befähigte Person nach § 2 Absatz 6 und mindestens alle 4 Betriebsjahre, im 14. und 16. Betriebsjahr und

85

Kran	Prüfung nach der Montage, Installation und vor der ersten Inbetriebnahme	Wiederkehrende Prüfung
		danach mindestens jährlich durch einen Prüfsachverständigen
fahrbare Turmdrehkrane (Auto-Turmdrehkrane) mit luftbereiftem und angetriebenem Unterwagen; die Fahrbewegungen werden von einer Fahrerkabine im Unterwagen und die Kranbewegungen von einer Krankabine aus gesteuert, die im oder am Turm angeordnet ist	Prüfung entfällt wegen § 14 Absatz 1 Satz 3	mindestens halbjährlich durch eine zur Prüfung befähigte Person nach § 2 Absatz 6 und mindestens alle 4 Betriebsjahre, im 14. und 16. Betriebsjahr und danach mindestens jährlich durch einen Prüfsachverständigen
Fahrzeugkrane	Prüfung entfällt wegen § 14 Absatz 1 Satz 3	mindestens jährlich durch eine zur Prüfung befähigte Person nach § 2 Absatz 6 und mindestens alle 4 Betriebsjahre, im 13. Betriebsjahr und danach mindestens jährlich durch einen Prüfsachverständigen
Lkw-Ladekrane a) grundsätzlich	Prüfung entfällt wegen § 14 Absatz 1 Satz 3	mindestens jährlich durch eine zur Prüfung befähigte Person nach § 2 Absatz 6
b) mit mehr als 300 kNm Lastmoment oder mit mehr als 15 m Auslegerlänge	Prüfung entfällt wegen § 14 Absatz 1 Satz 3	mindestens jährlich durch eine zur Prüfung befähigte Person nach § 2 Absatz 6 und mindestens alle 4 Betriebsjahre, im 13.

Kran	Prüfung nach der Montage, Installation und vor der ersten Inbetriebnahme	Wiederkehrende Prüfung
		Betriebsjahr und danach mindestens jährlich durch einen Prüfsachverständigen
Lkw-Anbaukrane	Prüfung entfällt wegen § 14 Absatz 1 Satz 3	mindestens jährlich durch eine zur Prüfung befähigte Person nach § 2 Absatz 6 und mindestens alle 4 Betriebsjahre durch einen Prüfsachverständigen
Schwimm- und Offshorekrane	Prüfsachverständiger, falls Einbau oder Aufbau vor Ort erfolgen	mindestens jährlich durch eine zur Prüfung befähigte Person nach § 2 Absatz 6
Kabelkrane	Prüfung entfällt wegen § 14 Absatz 1 Satz 3	mindestens jährlich durch eine zur Prüfung befähigte Person nach § 2 Absatz 6

Tabelle 2
Prüffristen und Prüfzuständigkeiten
für handbetriebene oder teilkraftbetriebene Krane

Kran	Prüfung nach Montage, Installation und vor der ersten Inbetriebnahme	Wiederkehrende Prüfung
handbetriebene oder teilkraftbetriebene Krane > 1 t Tragfähigkeit	Prüfsachverständiger	mindestens jährlich durch eine zur Prüfung befähigte Person nach § 2 Absatz 6
handbetriebene oder teilkraftbetriebene Krane ≤ 1 t Tragfähigkeit	zur Prüfung befähigte Person nach § 2 Absatz 6	mindestens jährlich durch eine zur Prüfung befähigte Person nach § 2 Absatz 6

Abschnitt 2
Flüssiggasanlagen

1.

Anwendungsbereich und Ziel

1.1

Dieser Abschnitt gilt für Prüfungen von Flüssiggasanlagen mit brennbaren Gasen, soweit sie in Tabelle 1 aufgeführt sind. Er gilt nicht, soweit die entsprechenden Prüfungen nach Anhang 2 dieser Verordnung durchzuführen sind.

1.2

Die Prüfungen sind mit dem Ziel durchzuführen, den Schutz der Beschäftigten vor Gefährdungen durch Flüssiggasanlagen nach Tabelle 1 sicherzustellen. Die Anlagen sind zu prüfen auf:

a)
    sichere Installation und Aufstellung sowie

b)
    Dichtheit und sichere Funktion.

2.

Begriffsbestimmungen

2.1

Flüssiggasanlagen nach Tabelle 1 bestehen aus Versorgungsanlagen und zugehörigen Verbrauchsanlagen.

2.2

Versorgungsanlagen bestehen aus Druckgasbehältern und allen Teilen, die der Versorgung der Verbrauchsanlagen dienen, einschließlich der Hauptabsperreinrichtung.

2.3

Verbrauchsanlagen umfassen die Gasverbrauchseinrichtungen einschließlich der Leitungsanlage und der Ausrüstungsteile hinter der Hauptabsperreinrichtung.

2.4

Gasverbrauchseinrichtungen sind Gasgeräte mit und ohne Abgasführung.

2.5

Hauptabsperreinrichtung ist die Absperreinrichtung, mit der die gesamte Verbrauchsanlage von der Versorgungsanlage abgesperrt werden kann. Dies kann auch das Behälterabsperrventil sein.

2.6

Ortsveränderliche Flüssiggasanlagen sind Anlagen, bei denen die Versorgungsanlagen oder Verbrauchsanlagen an unterschiedlichen Aufstellungsorten verwendet werden können.

3.

Zur Prüfung befähigte Personen
Zur Prüfung befähigte Personen im Sinne dieses Abschnitts sind solche nach § 2 Absatz 6.

4.

Prüfungen und Prüfaufzeichnungen

4.1

88

Die in Tabelle 1 genannten Flüssiggasanlagen sind vor ihrer erstmaligen Inbetriebnahme, vor Wiederinbetriebnahme nach prüfpflichtigen Änderungen und nach den in Spalte 2 genannten Höchstfristen wiederkehrend von einer zur Prüfung befähigten Personen zu prüfen. § 14 Absatz 2 und 3 bleibt unberührt.

Tabelle 1
Prüffristen für die wiederkehrende Prüfung

Flüssiggasanlage	Wiederkehrende Prüfung
ortsveränderliche Flüssiggasanlage	mindestens alle 2 Jahre
ortsfeste Flüssiggasanlage	mindestens alle 4 Jahre
Flüssiggasanlage mit Gasverbrauchseinrichtungen in Räumen unter Erdgleiche	mindestens jährlich
flüssiggasbetriebene Räucheranlage	mindestens jährlich
Flüssiggasanlagen in oder an Fahrzeugen	mindestens alle 2 Jahre
Flüssiggasanlage auf Maschinen und Geräten des Bauwesens	mindestens jährlich
Arbeitsgeräte und -maschinen mit Gasentnahme aus der Flüssigphase	mindestens jährlich
Fahrzeuge mit Flüssiggas-Verbrennungsmotoren, die nicht Regelungsgegenstand der Straßenverkehrs-Zulassungs-Ordnung sind	mindestens jährlich

4.2

Abweichend von § 14 Absatz 7 Satz 1 sind Aufzeichnungen über die gesamte Verwendungsdauer des Arbeitsmittels aufzubewahren.

Abschnitt 3
Maschinentechnische Arbeitsmittel der Veranstaltungstechnik

1.

Anwendungsbereich und Ziel

1.1

Die in diesem Abschnitt genannten Anforderungen gelten für maschinentechnische Arbeitsmittel der Veranstaltungstechnik, die zum szenischen Bewegen und Halten von Personen und Lasten verwendet werden. Maschinentechnische Arbeitsmittel der Veranstaltungstechnik sind insbesondere Beleuchtungs- und Oberlichtzüge, Beleuchtungs- und Portalbrücken, Bildwände, Bühnenwagen, Dekorations- und Prospektzüge, Drehbühnen und Drehscheiben, Elektrokettenzüge, Flugwerke, Kamerakrane und Kamerasupportsysteme, kraftbewegte Dekorationselemente, Leuchtenhänger, Punktzüge, Schutzvorhänge, Stative und Versenkeinrichtungen.

1.2

89

2.

Die Prüfungen sind mit dem Ziel durchzuführen, den Schutz der Beschäftigten vor Gefährdungen durch die genannten Arbeitsmittel der Veranstaltungstechnik sicherzustellen.

Prüfsachverständige

Prüfsachverständige im Sinne dieses Abschnitts sind zur Prüfung befähigte Personen nach § 2 Absatz 6, die zusätzlich

a)

eine abgeschlossene Ausbildung als Ingenieur haben oder vergleichbare Kenntnisse und Erfahrungen in der Fachrichtung aufweisen, auf die sich ihre Tätigkeit bezieht,

b)

über mindestens drei Jahre Erfahrung in der Konstruktion, dem Bau der Instandhaltung oder der Prüfung von sicherheitstechnischen und maschinentechnischen Einrichtungen von Veranstaltungs- und Produktionsstätten für szenische Darstellung haben, davon mindestens ein halbes Jahr an der Prüftätigkeit eines Prüfsachverständigen,

c)

ausreichende Kenntnisse über die einschlägigen Vorschriften und Regeln besitzen,

d)

mit der Betriebsweise der Veranstaltungs- und Produktionstechnik vertraut sind,

e)

über die für die Prüfung erforderlichen Einrichtungen und Unterlagen verfügen und

f)

ihre fachlichen Kenntnisse auf aktuellem Stand halten.

3.

3.1

Prüfzuständigkeiten, Prüffristen und Prüfaufzeichnungen

Für die unter Nummer 1 genannten Arbeitsmittel gelten die in der nachfolgenden Tabelle festgelegten Prüffristen und Prüfzuständigkeiten.

3.2

Die in Tabelle 1 genannten maschinentechnischen Arbeitsmittel der Veranstaltungstechnik sind nach außergewöhnlichen Ereignissen und nach Änderungen von einem Prüfsachverständigen zu prüfen. § 14 Absatz 3 Satz 1 findet insoweit keine Anwendung. § 14 Absatz 2 bleibt unberührt.

Tabelle 1

Prüfzuständigkeiten und Prüffristen

maschinentechnisches Arbeitsmittel der Veranstaltungstechnik	Prüfung nach Montage, Installation und vor der ersten Inbetriebnahme	Wiederkehrende Prüfung
Arbeitsmittel (einschließlich Eigenbauten), die unter den Anwendungsbereich der Maschinenverordnung (Neunte Verordnung zum Produktsicherheitsgesetz) fallen, soweit es sich handelt um		mindestens jährlich durch eine zur Prüfung befähigte Person nach § 2 Absatz 6 und mindestens alle 4 Jahre durch einen Prüfsachverständigen
a) stationäre Arbeitsmittel	Prüfsachverständiger	
b) mobile Arbeitsmittel	zur Prüfung befähigte Person nach § 2 Absatz 6	
c) mobile Arbeitsmittel, mit denen Personen bewegt oder Lasten über Personen bewegt werden	Prüfsachverständiger	
d) mobile Arbeitsmittel, mit denen software-basierte automatisierte Bewegungsabläufe erfolgen	Prüfsachverständiger	
Arbeitsmittel (einschließlich Eigenbauten), die nicht unter den Anwendungsbereich der Maschinenverordnung (Neunte Verordnung zum Produktsicherheitsgesetz) fallen	Prüfsachverständiger	

3.3

Abweichend von § 14 Absatz 7 Satz 1 sind Aufzeichnungen über die gesamte Verwendungsdauer des Arbeitsmittels aufzubewahren.

Verordnung über Arbeitsstätten
(Arbeitsstättenverordnung - ArbStättV)

Ausfertigungsdatum: 12.08.2004

"Arbeitsstättenverordnung vom 12. August 2004 (BGBl. I S. 2179), die zuletzt durch Artikel 282 der Verordnung vom 31. August 2015 (BGBl. I S. 1474) geändert worden ist" Zuletzt geändert durch Art. 282 V v. 31.8.2015 I 1474

Diese Verordnung dient der Umsetzung

1.
der EG-Richtlinie 89/654/EWG des Rates vom 30. November 1989 über Mindestvorschriften für Sicherheit und Gesundheitsschutz in Arbeitsstätten (Erste Einzelrichtlinie im Sinne des Artikels 16 Absatz 1 der Richtlinie 89/391/EWG) (ABl. EG Nr. L 393 S. 1) und

2.
der Richtlinie 92/58/EWG des Rates vom 24. Juni 1992 über Mindestvorschriften für die Sicherheits- und/oder Gesundheitsschutzkennzeichnung am Arbeitsplatz (Neunte Einzelrichtlinie im Sinne des Artikels 16 Absatz 1 der Richtlinie 89/391/EWG) (ABl. EG Nr. L 245 S. 23) und

3.
des Anhangs IV (Mindestvorschriften für Sicherheit und Gesundheitsschutz auf Baustellen) der Richtlinie 92/57/EWG des Rates vom 24. Juni 1992 über die auf zeitlich begrenzte oder ortsveränderliche Baustellen anzuwendenden Mindestvorschriften für die Sicherheit und den Gesundheitsschutz (Achte Einzelrichtlinie im Sinne des Artikels 16 Absatz 1 der Richtlinie 89/391/EWG) (ABl. EG Nr. L 245 S. 6).

Fußnote

(+++ Textnachweis ab: 25. 8.2004 +++)

Die V wurde als Artikel 1 d. V v. 12.8.2004 I 2179 von der Bundesregierung und dem Bundesministerium für Wirtschaft und Arbeit mit Zustimmung des Bundesrates erlassen. Sie ist gem. Artikel 4 Satz 1 dieser V am 25.8.2004 in Kraft getreten.

(+++ Amtlicher Hinweis des Normgebers auf EG-Recht:

Umsetzung der
EWGRL 654/89 (CELEX Nr: 389L0654)
EWGRL 58/92 (CELEX Nr: 392L0058)
EWGRL 57/92 (CELEX Nr: 392L0057) +++)

-

§ 1 Ziel, Anwendungsbereich

(1) Diese Verordnung dient der Sicherheit und dem Gesundheitsschutz der Beschäftigten beim Einrichten und Betreiben von Arbeitsstätten.

(2) Diese Verordnung gilt nicht für Arbeitsstätten in Betrieben, die dem Bundesberggesetz unterliegen, und mit Ausnahme von § 5 sowie Anhang Ziffer 1.3 nicht

1.
   im Reisegewerbe und Marktverkehr,
2.
   in Transportmitteln, sofern diese im öffentlichen Verkehr eingesetzt werden,
3.
   für Felder, Wälder und sonstige Flächen, die zu einem land- oder forstwirtschaftlichen Betrieb gehören, aber außerhalb seiner bebauten Fläche liegen.

(3) Das Bundeskanzleramt, das Bundesministerium des Innern, das Bundesministerium für Verkehr und digitale Infrastruktur, das Bundesministerium für Umwelt, Naturschutz, Bau und Reaktorsicherheit, das Bundesministerium der Verteidigung oder das Bundesministerium der Finanzen können, soweit sie hierfür jeweils zuständig sind, im Einvernehmen mit dem Bundesministerium für Arbeit und Soziales und, soweit nicht das Bundesministerium des Innern selbst zuständig ist, im Einvernehmen mit dem Bundesministerium des Innern Ausnahmen von den Vorschriften dieser Verordnung zulassen, soweit öffentliche Belange dies zwingend erfordern, insbesondere zur Aufrechterhaltung oder Wiederherstellung der öffentlichen Sicherheit. In diesem Fall ist gleichzeitig festzulegen, wie die Sicherheit und der Gesundheitsschutz der Beschäftigten nach dieser Verordnung auf andere Weise gewährleistet werden.

-

§ 2 Begriffsbestimmungen

(1) Arbeitsstätten sind:

1.
   Orte in Gebäuden oder im Freien, die sich auf dem Gelände eines Betriebes oder einer Baustelle befinden und die zur Nutzung für Arbeitsplätze vorgesehen sind,

93

2.
andere Orte in Gebäuden oder im Freien, die sich auf dem Gelände eines Betriebes oder einer Baustelle befinden und zu denen Beschäftigte im Rahmen ihrer Arbeit Zugang haben.

(2) Arbeitsplätze sind Bereiche von Arbeitsstätten, in denen sich Beschäftigte bei der von ihnen auszuübenden Tätigkeit regelmäßig über einen längeren Zeitraum oder im Verlauf der täglichen Arbeitszeit nicht nur kurzfristig aufhalten müssen.

(3) Arbeitsräume sind die Räume, in denen Arbeitsplätze innerhalb von Gebäuden dauerhaft eingerichtet sind.

(4) Zur Arbeitsstätte gehören auch:

1.
Verkehrswege, Fluchtwege, Notausgänge,

2.
Lager-, Maschinen- und Nebenräume,

3.
Sanitärräume (Umkleide-, Wasch- und Toilettenräume),

4.
Pausen- und Bereitschaftsräume,

5.
Erste-Hilfe-Räume,

6.
Unterkünfte.

Zur Arbeitsstätte gehören auch Einrichtungen, soweit für diese in dieser Verordnung besondere Anforderungen gestellt werden und sie dem Betrieb der Arbeitsstätte dienen.

(5) Einrichten ist die Bereitstellung und Ausgestaltung der Arbeitsstätte. Das Einrichten umfasst insbesondere:

1.
bauliche Maßnahmen oder Veränderungen,

2.
Ausstatten mit Maschinen, Anlagen, Mobiliar, anderen Arbeitsmitteln sowie Beleuchtungs-, Lüftungs-, Heizungs-, Feuerlösch- und Versorgungseinrichtungen,

3.
Anlegen und Kennzeichnen von Verkehrs- und Fluchtwegen, Kennzeichnen von Gefahrenstellen und brandschutztechnischen Ausrüstungen,

4.
Festlegen von Arbeitsplätzen.

(6) Betreiben von Arbeitsstätten umfasst das Benutzen und Instandhalten der Arbeitsstätte.

-

§ 3 Gefährdungsbeurteilung

(1) Bei der Beurteilung der Arbeitsbedingungen nach § 5 des Arbeitsschutzgesetzes hat der Arbeitgeber zunächst festzustellen, ob die Beschäftigten Gefährdungen beim Einrichten und Betreiben von Arbeitsstätten ausgesetzt sind oder ausgesetzt sein können. Ist dies der Fall, hat er alle möglichen Gefährdungen der Gesundheit und Sicherheit der Beschäftigten zu beurteilen. Entsprechend dem Ergebnis der Gefährdungsbeurteilung hat der Arbeitgeber Schutzmaßnahmen gemäß den Vorschriften dieser Verordnung einschließlich ihres Anhangs nach dem Stand der Technik, Arbeitsmedizin und Hygiene festzulegen. Sonstige gesicherte arbeitswissenschaftliche Erkenntnisse sind zu berücksichtigen.

(2) Der Arbeitgeber hat sicherzustellen, dass die Gefährdungsbeurteilung fachkundig durchgeführt wird. Verfügt der Arbeitgeber nicht selbst über die entsprechenden Kenntnisse, hat er sich fachkundig beraten zu lassen.

(3) Der Arbeitgeber hat die Gefährdungsbeurteilung unabhängig von der Zahl der Beschäftigten vor Aufnahme der Tätigkeiten zu dokumentieren. In der Dokumentation ist anzugeben, welche Gefährdungen am Arbeitsplatz auftreten können und welche Maßnahmen nach Absatz 1 Satz 3 durchgeführt werden müssen.

-

§ 3a Einrichten und Betreiben von Arbeitsstätten

(1) Der Arbeitgeber hat dafür zu sorgen, dass Arbeitsstätten so eingerichtet und betrieben werden, dass von ihnen keine Gefährdungen für die Sicherheit und die Gesundheit der Beschäftigten ausgehen. Dabei hat er den Stand der Technik und insbesondere die vom Bundesministerium für Arbeit und Soziales nach § 7 Abs. 4 bekannt gemachten Regeln und Erkenntnisse zu berücksichtigen. Bei Einhaltung der im Satz 2 genannten Regeln und Erkenntnisse ist davon auszugehen, dass die in der Verordnung gestellten Anforderungen diesbezüglich erfüllt sind. Wendet der Arbeitgeber die Regeln und Erkenntnisse nicht an, muss er durch andere Maßnahmen die gleiche Sicherheit und den gleichen Gesundheitsschutz der Beschäftigten erreichen.

(2) Beschäftigt der Arbeitgeber Menschen mit Behinderungen, hat er Arbeitsstätten so einzurichten und zu betreiben, dass die besonderen Belange dieser Beschäftigten im Hinblick auf Sicherheit und Gesundheitsschutz berücksichtigt werden. Dies gilt insbesondere für die barrierefreie Gestaltung von Arbeitsplätzen sowie von zugehörigen Türen, Verkehrswegen, Fluchtwegen, Notausgängen, Treppen, Orientierungssystemen, Waschgelegenheiten und Toilettenräumen.

(3) Die zuständige Behörde kann auf schriftlichen Antrag des Arbeitgebers Ausnahmen von den Vorschriften dieser Verordnung einschließlich ihres Anhanges zulassen, wenn

1.
    der Arbeitgeber andere, ebenso wirksame Maßnahmen trifft oder

95

2.

die Durchführung der Vorschrift im Einzelfall zu einer unverhältnismäßigen
Härte führen würde und die Abweichung mit dem Schutz der Beschäftigten
vereinbar ist.
Bei der Beurteilung sind die Belange der kleineren Betriebe besonders zu
berücksichtigen.
(4) Soweit in anderen Rechtsvorschriften, insbesondere dem Bauordnungsrecht
der Länder, Anforderungen gestellt werden, bleiben diese Vorschriften unberührt.
-

§ 4 Besondere Anforderungen an das Betreiben von Arbeitsstätten

(1) Der Arbeitgeber hat die Arbeitsstätte instand zu halten und dafür zu sorgen,
dass festgestellte Mängel unverzüglich beseitigt werden. Können Mängel, mit
denen eine unmittelbare erhebliche Gefahr verbunden ist, nicht sofort beseitigt
werden, ist die Arbeit insoweit einzustellen.
(2) Der Arbeitgeber hat dafür zu sorgen, dass Arbeitsstätten den hygienischen
Erfordernissen entsprechend gereinigt werden. Verunreinigungen und
Ablagerungen, die zu Gefährdungen führen können, sind unverzüglich zu
beseitigen.
(3) Der Arbeitgeber hat Sicherheitseinrichtungen zur Verhütung oder Beseitigung
von Gefahren, insbesondere Sicherheitsbeleuchtungen, Feuerlöscheinrichtungen,
Signalanlagen, Notaggregate und Notschalter sowie raumlufttechnische Anlagen,
in regelmäßigen Abständen sachgerecht warten und auf ihre Funktionsfähigkeit
prüfen zu lassen.
(4) Verkehrswege, Fluchtwege und Notausgänge müssen ständig freigehalten
werden, damit sie jederzeit benutzt werden können. Der Arbeitgeber hat
Vorkehrungen zu treffen, dass die Beschäftigten bei Gefahr sich unverzüglich in
Sicherheit bringen und schnell gerettet werden können. Der Arbeitgeber hat einen
Flucht- und Rettungsplan aufzustellen, wenn Lage, Ausdehnung und Art der
Benutzung der Arbeitsstätte dies erfordern. Der Plan ist an geeigneten Stellen in
der Arbeitsstätte auszulegen oder auszuhängen. In angemessenen Zeitabständen
ist entsprechend dieses Planes zu üben.
(5) Der Arbeitgeber hat Mittel und Einrichtungen zur ersten Hilfe zur Verfügung zu
stellen und diese regelmäßig auf ihre Vollständigkeit und Verwendungsfähigkeit
prüfen zu lassen.
-

§ 5 Nichtraucherschutz

(1) Der Arbeitgeber hat die erforderlichen Maßnahmen zu treffen, damit die nicht
rauchenden Beschäftigten in Arbeitsstätten wirksam vor den Gesundheitsgefahren
durch Tabakrauch geschützt sind. Soweit erforderlich, hat der Arbeitgeber ein
allgemeines oder auf einzelne Bereiche der Arbeitsstätte beschränktes

Rauchverbot zu erlassen.

(2) In Arbeitsstätten mit Publikumsverkehr hat der Arbeitgeber Schutzmaßnahmen nach Absatz 1 nur insoweit zu treffen, als die Natur des Betriebes und die Art der Beschäftigung es zulassen.

-

§ 6 Arbeitsräume, Sanitärräume, Pausen- und Bereitschaftsräume, Erste-Hilfe-Räume, Unterkünfte

(1) Der Arbeitgeber hat solche Arbeitsräume bereitzustellen, die eine ausreichende Grundfläche und Höhe sowie einen ausreichenden Luftraum aufweisen.

(2) Der Arbeitgeber hat Toilettenräume bereitzustellen. Wenn es die Art der Tätigkeit oder gesundheitliche Gründe erfordern, sind Waschräume vorzusehen. Geeignete Umkleideräume sind zur Verfügung zu stellen, wenn die Beschäftigten bei ihrer Tätigkeit besondere Arbeitskleidung tragen müssen und es ihnen nicht zuzumuten ist, sich in einem anderen Raum umzukleiden. Umkleide-, Wasch- und Toilettenräume sind für Männer und Frauen getrennt einzurichten oder es ist eine getrennte Nutzung zu ermöglichen. Bei Arbeiten im Freien und auf Baustellen mit wenigen Beschäftigten sind Waschgelegenheiten und abschließbare Toiletten ausreichend.

(3) Bei mehr als zehn Beschäftigten, oder wenn Sicherheits- oder Gesundheitsgründe dies erfordern, ist den Beschäftigten ein Pausenraum oder ein entsprechender Pausenbereich zur Verfügung zu stellen. Dies gilt nicht, wenn die Beschäftigten in Büroräumen oder vergleichbaren Arbeitsräumen beschäftigt sind und dort gleichwertige Voraussetzungen für eine Erholung während der Pause gegeben sind. Fallen in die Arbeitszeit regelmäßig und häufig Arbeitsbereitschaftszeiten oder Arbeitsunterbrechungen und sind keine Pausenräume vorhanden, so sind für die Beschäftigten Räume für Bereitschaftszeiten einzurichten. Schwangere Frauen und stillende Mütter müssen sich während der Pausen und, soweit es erforderlich ist, auch während der Arbeitszeit unter geeigneten Bedingungen hinlegen und ausruhen können.

(4) Erste-Hilfe-Räume oder vergleichbare Einrichtungen müssen entsprechend der Unfallgefahren oder der Anzahl der Beschäftigten, der Art der ausgeübten Tätigkeiten sowie der räumlichen Größe der Betriebe vorhanden sein.

(5) Für Beschäftigte hat der Arbeitgeber Unterkünfte bereitzustellen, wenn Sicherheits- oder Gesundheitsgründe, insbesondere wegen der Art der ausgeübten Tätigkeit oder der Anzahl der im Betrieb beschäftigten Personen, und die Abgelegenheit des Arbeitsplatzes dies erfordern und ein anderweitiger Ausgleich vom Arbeitgeber nicht geschaffen ist.

(6) Für Sanitärräume, Pausen- und Bereitschaftsräume, Erste-Hilfe-Räume und Unterkünfte nach den Absätzen 2 bis 5 gilt Absatz 1 entsprechend.

-

§ 7 Ausschuss für Arbeitsstätten

(1) Beim Bundesministerium für Arbeit und Soziales wird ein Ausschuss für Arbeitsstätten gebildet, in dem fachkundige Vertreter der Arbeitgeber, der Gewerkschaften, der Länderbehörden, der gesetzlichen Unfallversicherung und weitere fachkundige Personen, insbesondere der Wissenschaft, in angemessener Zahl vertreten sein sollen. Die Gesamtzahl der Mitglieder soll 16 Personen nicht überschreiten. Für jedes Mitglied ist ein stellvertretendes Mitglied zu benennen. Die Mitgliedschaft im Ausschuss für Arbeitsstätten ist ehrenamtlich.

(2) Das Bundesministerium für Arbeit und Soziales beruft die Mitglieder des Ausschusses und die stellvertretenden Mitglieder. Der Ausschuss gibt sich eine Geschäftsordnung und wählt den Vorsitzenden aus seiner Mitte. Die Geschäftsordnung und die Wahl des Vorsitzenden bedürfen der Zustimmung des Bundesministeriums für Arbeit und Soziales.

(3) Zu den Aufgaben des Ausschusses gehört es,

1.

dem Stand der Technik, Arbeitsmedizin und Arbeitshygiene entsprechende Regeln und sonstige gesicherte wissenschaftliche Erkenntnisse für die Sicherheit und Gesundheit der Beschäftigten in Arbeitsstätten zu ermitteln,

2.

Regeln zu ermitteln, wie die in dieser Verordnung gestellten Anforderungen erfüllt werden können, und

3.

das Bundesministerium für Arbeit und Soziales in Fragen der Sicherheit und des Gesundheitsschutzes in Arbeitsstätten zu beraten.

Bei der Wahrnehmung seiner Aufgaben soll der Ausschuss die allgemeinen Grundsätze des Arbeitsschutzes nach § 4 des Arbeitsschutzgesetzes berücksichtigen. Das Arbeitsprogramm des Ausschusses für Arbeitsstätten wird mit dem Bundesministerium für Arbeit und Soziales abgestimmt. Der Ausschuss arbeitet eng mit den anderen Ausschüssen beim Bundesministerium für Arbeit und Soziales zusammen.

(4) Das Bundesministerium für Arbeit und Soziales kann die vom Ausschuss nach Absatz 3 ermittelten Regeln und Erkenntnisse im Gemeinsamen Ministerialblatt bekannt machen.

(5) Die Bundesministerien sowie die zuständigen obersten Landesbehörden können zu den Sitzungen des Ausschusses Vertreter entsenden. Diesen ist auf Verlangen in der Sitzung das Wort zu erteilen.

(6) Die Geschäfte des Ausschusses führt die Bundesanstalt für Arbeitsschutz und Arbeitsmedizin.

-

§ 8 Übergangsvorschriften

(1) Soweit für Arbeitsstätten,

1.

   die am 1. Mai 1976 errichtet waren oder mit deren Einrichtung vor diesem
   Zeitpunkt begonnen worden war oder

2.

   die am 20. Dezember 1996 eingerichtet waren oder mit deren Einrichtung vor
   diesem Zeitpunkt begonnen worden war und für die zum Zeitpunkt der
   Einrichtung die Gewerbeordnung keine Anwendung fand,
in dieser Verordnung Anforderungen gestellt werden, die umfangreiche
Änderungen der Arbeitsstätte, der Betriebseinrichtungen, Arbeitsverfahren oder
Arbeitsabläufe notwendig machen, gelten hierfür nur die entsprechenden
Anforderungen des Anhangs II der Richtlinie 89/654/EWG des Rates vom 30.
November 1989 über Mindestvorschriften für Sicherheit und Gesundheitsschutz in
Arbeitsstätten (ABl. EG Nr. L 393 S. 1). Soweit diese Arbeitsstätten oder ihre
Betriebseinrichtungen wesentlich erweitert oder umgebaut oder die
Arbeitsverfahren oder Arbeitsabläufe wesentlich umgestaltet werden, hat der
Arbeitgeber die erforderlichen Maßnahmen zu treffen, damit diese Änderungen,
Erweiterungen oder Umgestaltungen mit den Anforderungen dieser Verordnung
übereinstimmen.
(2) Die im Bundesarbeitsblatt bekannt gemachten Arbeitsstättenrichtlinien gelten
bis zur Überarbeitung durch den Ausschuss für Arbeitsstätten und der
Bekanntmachung entsprechender Regeln durch das Bundesministerium für Arbeit
und Soziales, längstens jedoch bis zum 31. Dezember 2012, fort.
-

§ 9 Straftaten und Ordnungswidrigkeiten

(1) Ordnungswidrig im Sinne des § 25 Absatz 1 Nummer 1 des
Arbeitsschutzgesetzes handelt, wer vorsätzlich oder fahrlässig

1.

   entgegen § 3 Absatz 3 eine Gefährdungsbeurteilung nicht richtig, nicht
   vollständig oder nicht rechtzeitig dokumentiert,

2.

   entgegen § 3a Absatz 1 Satz 1 nicht dafür sorgt, dass eine Arbeitsstätte in
   der dort vorgeschriebenen Weise eingerichtet ist oder betrieben wird,

3.

   entgegen § 4 Absatz 1 Satz 2 die Arbeit nicht einstellt,

4.

   entgegen § 4 Absatz 3 eine dort genannte Sicherheitseinrichtung nicht oder
   nicht in der vorgeschriebenen Weise warten oder prüfen lässt,

5.

   entgegen § 4 Absatz 4 Satz 1 Verkehrswege, Fluchtwege und Notausgänge
   nicht frei hält,

6.

   entgegen § 4 Absatz 4 Satz 2 eine Vorkehrung nicht trifft,

7.

entgegen § 4 Absatz 5 ein Mittel oder eine Einrichtung zur Ersten Hilfe nicht zur Verfügung stellt,

8.

entgegen § 6 Absatz 2 Satz 1 einen Toilettenraum nicht bereitstellt,

9.

entgegen § 6 Absatz 3 einen Pausenraum oder einen Pausenbereich nicht zur Verfügung stellt.

(2) Wer durch eine in Absatz 1 bezeichnete vorsätzliche Handlung das Leben oder die Gesundheit von Beschäftigten gefährdet, ist nach § 26 Nummer 2 des Arbeitsschutzgesetzes strafbar.

-

Anhang Anforderungen an Arbeitsstätten nach § 3 Abs. 1
Inhaltsübersicht

(Fundstelle des Originaltextes: BGBl. I 2004, 2182 - 2188; bzgl. der einzelnen Änderungen vgl. Fußnote)

Die nachfolgenden Anforderungen gelten in allen Fällen, in denen die Eigenschaften der Arbeitsstätte oder der Tätigkeit, die Umstände oder eine Gefährdung der Beschäftigten dies erfordern.
Die Rechtsvorschriften, die in Umsetzung des Artikels 95 des EG-Vertrages Anforderungen an die Beschaffenheit von Arbeitsmitteln stellen, bleiben unberührt.

1

Allgemeine Anforderungen

1.1

Konstruktion und Festigkeit von Gebäuden

Gebäude für Arbeitsstätten müssen eine der Nutzungsart entsprechende Konstruktion und Festigkeit aufweisen.

1.2

Abmessungen von Räumen, Luftraum

(1) Arbeitsräume müssen eine ausreichende Grundfläche und eine, in Abhängigkeit von der Größe der Grundfläche der Räume, ausreichende lichte Höhe aufweisen, so dass die Beschäftigten ohne Beeinträchtigung ihrer Sicherheit, ihrer Gesundheit oder ihres Wohlbefindens ihre Arbeit verrichten können.

(2) Die Abmessungen aller weiteren Räume richten sich nach der Art ihrer Nutzung.

(3) Die Größe des notwendigen Luftraumes ist in Abhängigkeit von der Art der körperlichen Beanspruchung und der Anzahl der Beschäftigten sowie der sonstigen anwesenden Personen zu bemessen.

1.3

Sicherheits- und Gesundheitsschutzkennzeichnung
(1) Unberührt von den nachfolgenden Anforderungen sind Sicherheits- und Gesundheitsschutzkennzeichnungen einzusetzen, wenn Gefährdungen der Sicherheit und Gesundheit der Beschäftigten nicht durch technische oder organisatorische Maßnahmen vermieden oder ausreichend begrenzt werden können. Die Ergebnisse der Gefährdungsbeurteilung sind dabei zu berücksichtigen.
(2) Die Kennzeichnung ist nach der Art der Gefährdung dauerhaft oder vorübergehend nach den Vorgaben der Richtlinie 92/58/EWG des Rates vom 24. Juni 1992 über Mindestvorschriften für die Sicherheits- und/oder Gesundheitsschutzkennzeichnung am Arbeitsplatz (Neunte Einzelrichtlinie im Sinne des Artikels 16 Absatz 1 der Richtlinie 89/391/EWG) (ABl. EG Nr. L 245 S. 23) auszuführen. Diese Richtlinie gilt in der jeweils aktuellen Fassung. Wird diese Richtlinie geändert oder nach den in dieser Richtlinie vorgesehenen Verfahren an den technischen Fortschritt angepasst, gilt sie in der geänderten im Amtsblatt der Europäischen Gemeinschaften veröffentlichten Fassung nach Ablauf der in der Änderungs- oder Anpassungsrichtlinie festgelegten Umsetzungsfrist. Die geänderte Fassung kann bereits ab Inkrafttreten der Änderungs- oder Anpassungsrichtlinie angewendet werden.
(3) Die Sicherheits- und Gesundheitsschutzkennzeichnung in der Arbeitsstätte oder am Arbeitsplatz hat nach dem Stand der Technik zu erfolgen. Den an den technischen Fortschritt angepassten Stand der Technik geben die nach § 7 Absatz 4 bekannt gemachten Regeln wieder.

1.4
Energieverteilungsanlagen
Anlagen, die der Versorgung der Arbeitsstätte mit Energie dienen, müssen so ausgewählt, installiert und betrieben werden, dass die Beschäftigten vor Unfallgefahren durch direktes oder indirektes Berühren spannungsführender Teile geschützt sind und dass von den Anlagen keine Brand- oder Explosionsgefahr ausgeht. Bei der Konzeption und der Ausführung sowie der Wahl des Materials und der Schutzvorrichtungen sind Art und Stärke der verteilten Energie, die äußeren Einwirkbedingungen und die Fachkenntnisse der Personen zu berücksichtigen, die zu Teilen der Anlage Zugang haben.

1.5
Fußböden, Wände, Decken, Dächer
(1) Die Oberflächen der Fußböden, Wände und Decken müssen so beschaffen sein, dass sie den Erfordernissen des Betreibens entsprechen und leicht zu reinigen sind. An Arbeitsplätzen müssen die Arbeitsstätten unter Berücksichtigung der Art des Betriebes und der körperlichen Tätigkeit eine ausreichende Dämmung gegen Wärme und Kälte sowie eine ausreichende Isolierung gegen Feuchtigkeit aufweisen.
(2) Die Fußböden der Räume dürfen keine Unebenheiten, Löcher, Stolperstellen oder gefährlichen Schrägen aufweisen. Sie müssen gegen Verrutschen gesichert, tragfähig, trittsicher und rutschhemmend sein.

(3) Durchsichtige oder lichtdurchlässige Wände, insbesondere Ganzglaswände im Bereich von Arbeitsplätzen oder Verkehrswegen, müssen deutlich gekennzeichnet sein und aus bruchsicherem Werkstoff bestehen oder so gegen die Arbeitsplätze und Verkehrswege abgeschirmt sein, dass die Beschäftigten nicht mit den Wänden in Berührung kommen und beim Zersplittern der Wände nicht verletzt werden können.

(4) Dächer aus nicht durchtrittsicherem Material dürfen nur betreten werden, wenn Ausrüstungen vorhanden sind, die ein sicheres Arbeiten ermöglichen.

1.6
Fenster, Oberlichter

(1) Fenster, Oberlichter und Lüftungsvorrichtungen müssen sich von den Beschäftigten sicher öffnen, schließen, verstellen und arretieren lassen. Sie dürfen nicht so angeordnet sein, dass sie in geöffnetem Zustand eine Gefahr für die Beschäftigten darstellen.

(2) Fenster und Oberlichter müssen so ausgewählt oder ausgerüstet und eingebaut sein, dass sie ohne Gefährdung der Ausführenden und anderer Personen gereinigt werden können.

1.7
Türen, Tore

(1) Die Lage, Anzahl, Abmessungen und Ausführung insbesondere hinsichtlich der verwendeten Werkstoffe von Türen und Toren müssen sich nach der Art und Nutzung der Räume oder Bereiche richten.

(2) Durchsichtige Türen müssen in Augenhöhe gekennzeichnet sein.

(3) Pendeltüren und -tore müssen durchsichtig sein oder ein Sichtfenster haben.

(4) Bestehen durchsichtige oder lichtdurchlässige Flächen von Türen und Toren nicht aus bruchsicherem Werkstoff und ist zu befürchten, dass sich die Beschäftigten beim Zersplittern verletzen können, sind diese Flächen gegen Eindrücken zu schützen.

(5) Schiebetüren und -tore müssen gegen Ausheben und Herausfallen gesichert sein. Türen und Tore, die sich nach oben öffnen, müssen gegen Herabfallen gesichert sein.

(6) In unmittelbarer Nähe von Toren, die vorwiegend für den Fahrzeugverkehr bestimmt sind, müssen gut sichtbar gekennzeichnete, stets zugängliche Türen für Fußgänger vorhanden sein. Diese Türen sind nicht erforderlich, wenn der Durchgang durch die Tore für Fußgänger gefahrlos möglich ist.

(7) Kraftbetätigte Türen und Tore müssen sicher benutzbar sein. Dazu gehört, dass sie

a)
ohne Gefährdung der Beschäftigten bewegt werden oder zum Stillstand kommen können,

b)
mit selbsttätig wirkenden Sicherungen ausgestattet sind,

c)
auch von Hand zu öffnen sind, sofern sie sich bei Stromausfall nicht

automatisch öffnen.

(8) Besondere Anforderungen gelten für Türen im Verlauf von Fluchtwegen (Ziffer 2.3).

1.8
Verkehrswege

(1) Verkehrswege, einschließlich Treppen, fest angebrachte Steigleitern und Laderampen müssen so angelegt und bemessen sein, dass sie je nach ihrem Bestimmungszweck leicht und sicher begangen oder befahren werden können und in der Nähe Beschäftigte nicht gefährdet werden.

(2) Die Bemessung der Verkehrswege, die dem Personenverkehr, Güterverkehr oder Personen- und Güterverkehr dienen, muss sich nach der Anzahl der möglichen Benutzer und der Art des Betriebes richten.

(3) Werden Transportmittel auf Verkehrswegen eingesetzt, muss für Fußgänger ein ausreichender Sicherheitsabstand gewahrt werden.

(4) Verkehrswege für Fahrzeuge müssen an Türen und Toren, Durchgängen, Fußgängerwegen und Treppenaustritten in ausreichendem Abstand vorbeiführen.

(5) Soweit Nutzung und Einrichtung der Räume es zum Schutz der Beschäftigten erfordern, müssen die Begrenzungen der Verkehrswege gekennzeichnet sein.

(6) Besondere Anforderungen gelten für Fluchtwege (Ziffer 2.3).

1.9
Fahrtreppen, Fahrsteige

Fahrtreppen und Fahrsteige müssen so ausgewählt und installiert sein, dass sie sicher funktionieren und sicher benutzbar sind. Dazu gehört, dass die Notbefehlseinrichtungen gut erkennbar und leicht zugänglich sind und nur solche Fahrtreppen und Fahrsteige eingesetzt werden, die mit den notwendigen Sicherheitsvorrichtungen ausgestattet sind.

1.10
Laderampen

(1) Laderampen sind entsprechend den Abmessungen der Transportmittel und der Ladung auszulegen.

(2) Sie müssen mindestens einen Abgang haben; lange Laderampen müssen, soweit betriebstechnisch möglich, an jedem Endbereich einen Abgang haben.

(3) Sie müssen einfach und sicher benutzbar sein. Dazu gehört, dass sie nach Möglichkeit mit Schutzvorrichtungen gegen Absturz auszurüsten sind; das gilt insbesondere in Bereichen von Laderampen, die keine ständigen Be- und Entladestellen sind.

1.11
Steigleitern, Steigeisengänge

Steigleitern und Steigeisengänge müssen sicher benutzbar sein. Dazu gehört, dass sie

a)

nach Notwendigkeit über Schutzvorrichtungen gegen Absturz, vorzugsweise über Steigschutzeinrichtungen verfügen,

b)

an ihren Austrittsstellen eine Haltevorrichtung haben,

c)

nach Notwendigkeit in angemessenen Abständen mit Ruhebühnen ausgerüstet sind.

2

Maßnahmen zum Schutz vor besonderen Gefahren

2.1

Schutz vor Absturz und herabfallenden Gegenständen, Betreten von Gefahrenbereichen

Arbeitsplätze und Verkehrswege, bei denen die Gefahr des Absturzes von Beschäftigten oder des Herabfallens von Gegenständen bestehen oder die an Gefahrenbereiche grenzen, müssen mit Einrichtungen versehen sein, die verhindern, dass Beschäftigte abstürzen oder durch herabfallende Gegenstände verletzt werden oder in die Gefahrenbereiche gelangen. Arbeitsplätze und Verkehrswege nach Satz 1 müssen gegen unbefugtes Betreten gesichert und gut sichtbar als Gefahrenbereich gekennzeichnet sein. Zum Schutz derjenigen, die diese Bereiche betreten müssen, sind geeignete Maßnahmen zu treffen.

2.2

Maßnahmen gegen Brände

(1) Arbeitsstätten müssen je nach

a)

Abmessung und Nutzung,

b)

der Brandgefährdung vorhandener Einrichtungen und Materialien,

c)

der größtmöglichen Anzahl anwesender Personen

mit einer ausreichenden Anzahl geeigneter Feuerlöscheinrichtungen und erforderlichenfalls Brandmeldern und Alarmanlagen ausgestattet sein.

(2) Nicht selbsttätige Feuerlöscheinrichtungen müssen als solche dauerhaft gekennzeichnet, leicht zu erreichen und zu handhaben sein.

(3) Selbsttätig wirkende Feuerlöscheinrichtungen müssen mit Warneinrichtungen ausgerüstet sein, wenn bei ihrem Einsatz Gefahren für die Beschäftigten auftreten können.

2.3

Fluchtwege und Notausgänge

(1) Fluchtwege und Notausgänge müssen

a)

sich in Anzahl, Anordnung und Abmessung nach der Nutzung, der Einrichtung und den Abmessungen der Arbeitsstätte sowie nach der höchstmöglichen Anzahl der dort anwesenden Personen richten,

b)

auf möglichst kurzem Weg ins Freie oder, falls dies nicht möglich ist, in einen gesicherten Bereich führen,

c)

in angemessener Form und dauerhaft gekennzeichnet sein.
Sie sind mit einer Sicherheitsbeleuchtung auszurüsten, wenn das gefahrlose
Verlassen der Arbeitsstätte für die Beschäftigten, insbesondere bei Ausfall der
allgemeinen Beleuchtung, nicht gewährleistet ist.
(2) Türen im Verlauf von Fluchtwegen oder Türen von Notausgängen müssen

a)

sich von innen ohne besondere Hilfsmittel jederzeit leicht öffnen lassen,
solange sich Beschäftigte in der Arbeitsstätte befinden,

b)

in angemessener Form und dauerhaft gekennzeichnet sein.
Türen von Notausgängen müssen sich nach außen öffnen lassen. In
Notausgängen, die ausschließlich für den Notfall konzipiert und ausschließlich im
Notfall benutzt werden, sind Karussell- und Schiebetüren nicht zulässig.

3

Arbeitsbedingungen

3.1

Bewegungsfläche
(1) Die freie unverstellte Fläche am Arbeitsplatz muss so bemessen sein, dass sich
die Beschäftigten bei ihrer Tätigkeit ungehindert bewegen können.
(2) Ist dies nicht möglich, muss den Beschäftigten in der Nähe des Arbeitsplatzes
eine andere ausreichend große Bewegungsfläche zur Verfügung stehen.

3.2

Anordnung der Arbeitsplätze
Arbeitsplätze sind in der Arbeitsstätte so anzuordnen, dass Beschäftigte

a)

sie sicher erreichen und verlassen können,

b)

sich bei Gefahr schnell in Sicherheit bringen können,

c)

durch benachbarte Arbeitsplätze, Transporte oder Einwirkungen von
außerhalb nicht gefährdet werden.

3.3

Ausstattung
(1) Jedem Beschäftigten muss mindestens eine Kleiderablage zur Verfügung
stehen, sofern Umkleideräume nach § 6 Abs. 2 Satz 3 nicht vorhanden sind.
(2) Kann die Arbeit ganz oder teilweise sitzend verrichtet werden oder lässt es der
Arbeitsablauf zu, sich zeitweise zu setzen, sind den Beschäftigten am Arbeitsplatz
Sitzgelegenheiten zur Verfügung zu stellen. Können aus betriebstechnischen
Gründen keine Sitzgelegenheiten unmittelbar am Arbeitsplatz aufgestellt werden,
obwohl es der Arbeitsablauf zulässt, sich zeitweise zu setzen, müssen den
Beschäftigten in der Nähe der Arbeitsplätze Sitzgelegenheiten bereitgestellt

werden.

3.4
Beleuchtung und Sichtverbindung

(1) Die Arbeitsstätten müssen möglichst ausreichend Tageslicht erhalten und mit Einrichtungen für eine der Sicherheit und dem Gesundheitsschutz der Beschäftigten angemessenen künstlichen Beleuchtung ausgestattet sein.

(2) Die Beleuchtungsanlagen sind so auszuwählen und anzuordnen, dass sich dadurch keine Unfall- oder Gesundheitsgefahren ergeben können.

(3) Arbeitsstätten, in denen die Beschäftigten bei Ausfall der Allgemeinbeleuchtung Unfallgefahren ausgesetzt sind, müssen eine ausreichende Sicherheitsbeleuchtung haben.

3.5
Raumtemperatur

(1) In Arbeits-, Pausen-, Bereitschafts-, Sanitär-, Kantinen- und Erste-Hilfe-Räumen, in denen aus betriebstechnischer Sicht keine spezifischen Anforderungen an die Raumtemperatur gestellt werden, muss während der Arbeitszeit unter Berücksichtigung der Arbeitsverfahren, der körperlichen Beanspruchung der Beschäftigten und des spezifischen Nutzungszwecks des Raumes eine gesundheitlich zuträgliche Raumtemperatur bestehen.

(2) Fenster, Oberlichter und Glaswände müssen je nach Art der Arbeit und der Arbeitsstätte eine Abschirmung der Arbeitsstätten gegen übermäßige Sonneneinstrahlung ermöglichen.

3.6
Lüftung

(1) In umschlossenen Arbeitsräumen muss unter Berücksichtigung der Arbeitsverfahren, der körperlichen Beanspruchung und der Anzahl der Beschäftigten sowie der sonstigen anwesenden Personen ausreichend gesundheitlich zuträgliche Atemluft vorhanden sein.

(2) Ist für das Betreiben von Arbeitsstätten eine raumlufttechnische Anlage erforderlich, muss diese jederzeit funktionsfähig sein. Eine Störung muss durch eine selbsttätige Warneinrichtung angezeigt werden. Es müssen Vorkehrungen getroffen sein, durch die die Beschäftigten im Fall einer Störung gegen Gesundheitsgefahren geschützt sind.

(3) Werden Klimaanlagen oder mechanische Belüftungseinrichtungen verwendet, ist sicherzustellen, dass die Beschäftigten keinem störenden Luftzug ausgesetzt sind.

(4) Ablagerungen und Verunreinigungen in raumlufttechnischen Anlagen, die zu einer unmittelbaren Gesundheitsgefährdung durch die Raumluft führen können, müssen umgehend beseitigt werden.

3.7
Lärm

In Arbeitsstätten ist der Schalldruckpegel so niedrig zu halten, wie es nach der Art des Betriebes möglich ist. Der Schalldruckpegel am Arbeitsplatz in Arbeitsräumen

106

ist in Abhängigkeit von der Nutzung und den zu verrichtenden Tätigkeiten so weit zu reduzieren, dass keine Beeinträchtigungen der Gesundheit der Beschäftigten entstehen.

4   Sanitärräume, Pausen- und Bereitschaftsräume, Erste-Hilfe-Räume, Unterkünfte

4.1   Sanitärräume

(1) Toilettenräume sind mit verschließbaren Zugängen, einer ausreichenden Anzahl von Toilettenbecken und Handwaschgelegenheiten zur Verfügung zu stellen. Sie müssen sich sowohl in der Nähe der Arbeitsplätze als auch in der Nähe von Pausen- und Bereitschaftsräumen, Wasch- und Umkleideräumen befinden.

(2) Waschräume nach § 6 Abs. 2 Satz 2 sind

a)
   in der Nähe des Arbeitsplatzes und sichtgeschützt einzurichten,

b)
   so zu bemessen, dass die Beschäftigten sich den hygienischen Erfordernissen entsprechend und ungehindert reinigen können; dazu muss fließendes warmes und kaltes Wasser, Mittel zum Reinigen und gegebenenfalls zum Desinfizieren sowie zum Abtrocknen der Hände vorhanden sein,

c)
   mit einer ausreichenden Anzahl geeigneter Duschen zur Verfügung zu stellen, wenn es die Art der Tätigkeit oder gesundheitliche Gründe erfordern.

Sind Waschräume nach § 6 Abs. 2 Satz 2 nicht erforderlich, müssen in der Nähe des Arbeitsplatzes und der Umkleideräume ausreichende und angemessene Waschgelegenheiten mit fließendem Wasser (erforderlichenfalls mit warmem Wasser), Mitteln zum Reinigen und zum Abtrocknen der Hände zur Verfügung stehen.

(3) Umkleideräume nach § 6 Abs. 2 Satz 3 müssen

a)
   leicht zugänglich und von ausreichender Größe und sichtgeschützt eingerichtet werden; entsprechend der Anzahl gleichzeitiger Benutzer muss genügend freie Bodenfläche für ungehindertes Umkleiden vorhanden sein,

b)
   mit Sitzgelegenheiten sowie mit verschließbaren Einrichtungen ausgestattet sein, in denen jeder Beschäftigte seine Kleidung aufbewahren kann.

Kleiderschränke für Arbeitskleidung und Schutzkleidung sind von Kleiderschränken für persönliche Kleidung und Gegenstände zu trennen, wenn Umstände dies erfordern.

(4) Wasch- und Umkleideräume, die voneinander räumlich getrennt sind, müssen untereinander leicht erreichbar sein.

4.2

Pausen- und Bereitschaftsräume

(1) Pausenräume oder entsprechende Pausenbereiche nach § 6 Abs. 3 Satz 1 sind

a)
  für die Beschäftigten leicht erreichbar an ungefährdeter Stelle und in ausreichender Größe bereitzustellen,

b)
  entsprechend der Anzahl der gleichzeitigen Benutzer mit leicht zu reinigenden Tischen und Sitzgelegenheiten mit Rückenlehne auszustatten,

c)
  als separate Räume zu gestalten, wenn die Beurteilung der Arbeitsbedingungen und der Arbeitsstätte dies erfordern.

(2) Bereitschaftsräume nach § 6 Abs. 3 Satz 3 und Pausenräume, die als Bereitschaftsräume genutzt werden, müssen dem Zweck entsprechend ausgestattet sein.

4.3
Erste-Hilfe-Räume

(1) Erste-Hilfe-Räume nach § 6 Abs. 4 müssen an ihren Zugängen als solche gekennzeichnet und für Personen mit Rettungstransportmitteln leicht zugänglich sein.

(2) Sie sind mit den erforderlichen Einrichtungen und Materialien zur ersten Hilfe auszustatten. An einer deutlich gekennzeichneten Stelle müssen Anschrift und Telefonnummer der örtlichen Rettungsdienste angegeben sein.

(3) Erste-Hilfe-Ausstattung ist darüber hinaus überall dort aufzubewahren, wo es die Arbeitsbedingungen erfordern. Sie muss leicht zugänglich und einsatzbereit sein. Die Aufbewahrungsstellen müssen als solche gekennzeichnet und gut erreichbar sein.

4.4
Unterkünfte

(1) Unterkünfte müssen entsprechend ihrer Belegungszahl ausgestattet sein mit:

a)
  Wohn- und Schlafbereich (Betten, Schränken, Tischen, Stühlen),

b)
  Essbereich,

c)
  Sanitäreinrichtungen.

(2) Bei Anwesenheit von männlichen und weiblichen Beschäftigten ist dies bei der Zuteilung der Räume zu berücksichtigen.

5
Ergänzende Anforderungen an besondere Arbeitsstätten
5.1
Nicht allseits umschlossene und im Freien liegende Arbeitsstätten

Arbeitsplätze in nicht allseits umschlossenen Arbeitsstätten und im Freien sind so zu gestalten, dass sie von den Beschäftigten bei jeder Witterung sicher und ohne

Gesundheitsgefährdung erreicht, benutzt und wieder verlassen werden können. Dazu gehört, dass Arbeitsplätze gegen Witterungseinflüsse geschützt sind oder den Beschäftigten geeignete persönliche Schutzausrüstungen zur Verfügung gestellt werden.

Werden die Beschäftigten auf Arbeitsplätzen im Freien beschäftigt, so sind die Arbeitsplätze nach Möglichkeit so einzurichten, dass die Beschäftigten nicht gesundheitsgefährdenden äußeren Einwirkungen ausgesetzt sind.

5.2
Zusätzliche Anforderungen an Baustellen

(1) Die Beschäftigten müssen

a)

sich gegen Witterungseinflüsse geschützt umkleiden, waschen und wärmen können,

b)

über Einrichtungen verfügen, um ihre Mahlzeiten einnehmen und gegebenenfalls auch zubereiten zu können,

c)

in der Nähe der Arbeitsplätze über Trinkwasser oder ein anderes alkoholfreies Getränk verfügen können.

Weiterhin sind auf Baustellen folgende Anforderungen umzusetzen:

d)

Sind Umkleideräume nach § 6 Abs. 2 Satz 3 nicht erforderlich, muss für jeden regelmäßig auf der Baustelle anwesenden Beschäftigten eine Kleiderablage und ein abschließbares Fach vorhanden sein, damit persönliche Gegenstände unter Verschluss aufbewahrt werden können.

e)

Unter Berücksichtigung der Arbeitsverfahren und der körperlichen Beanspruchung der Beschäftigten ist dafür zu sorgen, dass ausreichend gesundheitlich zuträgliche Atemluft vorhanden ist.

f)

Beschäftigte müssen die Möglichkeit haben, Arbeitskleidung und Schutzkleidung außerhalb der Arbeitszeit zu lüften und zu trocknen.

g)

In regelmäßigen Abständen sind geeignete Versuche und Übungen an Feuerlöscheinrichtungen und Brandmelde- und Alarmanlagen durchzuführen.

(2) Räumliche Begrenzungen der Arbeitsplätze, Materialien, Ausrüstungen und ganz allgemein alle Elemente, die durch Ortsveränderung die Sicherheit und die Gesundheit der Beschäftigten beeinträchtigen können, müssen auf geeignete Weise stabilisiert werden. Hierzu zählen auch Maßnahmen, die verhindern, dass Fahrzeuge, Erdbaumaschinen und Förderzeuge abstürzen, umstürzen, abrutschen oder einbrechen.

(3) Werden Beförderungsmittel auf Verkehrswegen verwendet, so müssen für andere, den Verkehrsweg nutzende Personen ein ausreichender Sicherheitsabstand oder geeignete Schutzvorrichtungen vorgesehen werden. Die

Wege müssen regelmäßig überprüft und gewartet werden.
(4) Bei Arbeiten, aus denen sich im besonderen Maße Gefährdungen für die Beschäftigten ergeben können, müssen geeignete Sicherheitsvorkehrungen getroffen werden. Dies gilt insbesondere für Abbrucharbeiten sowie für den Auf- oder Abbau von Massivbauelementen. Zur Erfüllung der Schutzmaßnahmen des Satzes 1 sind

a)
   bei Arbeiten an erhöhten oder tiefer gelegenen Standorten Standsicherheit und Stabilität der Arbeitsplätze und ihrer Zugänge auf geeignete Weise zu gewährleisten und zu überprüfen, insbesondere nach einer Veränderung der Höhe oder Tiefe des Arbeitsplatzes,

b)
   bei Ausschachtungen, Brunnenbauarbeiten, unterirdischen oder Tunnelarbeiten geeignete Verschalungen oder Abschrägungen vorzusehen; vor Beginn von Erdarbeiten sind geeignete Maßnahmen durchzuführen, um die Gefährdung durch unterirdisch verlegte Kabel und andere Versorgungsleitungen festzustellen und auf ein Mindestmaß zu verringern,

c)
   bei Arbeiten, bei denen Sauerstoffmangel auftreten kann, geeignete Maßnahmen zu treffen, um einer Gefahr vorzubeugen und eine wirksame und sofortige Hilfeleistung zu ermöglichen; Einzelarbeitsplätze in Bereichen, in denen erhöhte Gefahr von Sauerstoffmangel besteht, sind nur zulässig, wenn diese ständig von außen überwacht werden und alle geeigneten Vorkehrungen getroffen sind, um eine wirksame und sofortige Hilfeleistung zu ermöglichen,

d)
   beim Auf-, Um- sowie Abbau von Spundwänden und Senkkästen angemessene Vorrichtungen vorzusehen, damit sich die Beschäftigten beim Eindringen von Wasser und Material retten können,

e)
   bei Laderampen Absturzsicherungen vorzusehen.
Abbrucharbeiten sowie Arbeiten mit schweren Massivbauelementen, insbesondere Auf- und Abbau von Stahl- und Betonkonstruktionen sowie Montage und Demontage von Spundwänden und Senkkästen, dürfen nur unter Aufsicht einer befähigten Person geplant und durchgeführt werden.
(5) Vorhandene elektrische Freileitungen müssen nach Möglichkeit außerhalb des Baustellengeländes verlegt oder freigeschaltet werden. Wenn dies nicht möglich ist, sind geeignete Abschrankungen, Abschirmungen oder Hinweise anzubringen, um Fahrzeuge und Einrichtungen von diesen Leitungen fern zu halten.

Gesetz über Betriebsärzte, Sicherheitsingenieure und andere Fachkräfte für Arbeitssicherheit (ASIG)

-

Ausfertigungsdatum: 12.12.1973

"Gesetz über Betriebsärzte, Sicherheitsingenieure und andere Fachkräfte für Arbeitssicherheit vom 12. Dezember 1973 (BGBl. I S. 1885), das zuletzt durch Artikel 3 Absatz 5 des Gesetzes vom 20. April 2013 (BGBl. I S. 868) geändert worden ist" Zuletzt geändert durch Art. 3 Abs. 5 G v. 20.4.2013 I 868

Fußnote

(+++ Textnachweis Geltung ab: 1.5.1976 +++)
(+++ Maßgaben aufgrund EinigVtr vgl. ASiG Anhang EV +++)

-

Eingangsformel

Der Bundestag hat mit Zustimmung des Bundesrates das folgende Gesetz beschlossen:

Erster Abschnitt

-

§ 1 Grundsatz

Der Arbeitgeber hat nach Maßgabe dieses Gesetzes Betriebsärzte und Fachkräfte für Arbeitssicherheit zu bestellen. Diese sollen ihn beim Arbeitsschutz und bei der Unfallverhütung unterstützen. Damit soll erreicht werden, daß

1.

die dem Arbeitsschutz und der Unfallverhütung dienenden Vorschriften den besonderen Betriebsverhältnissen entsprechend angewandt werden,

2.

gesicherte arbeitsmedizinische und sicherheitstechnische Erkenntnisse zur Verbesserung des Arbeitsschutzes und der Unfallverhütung verwirklicht werden können,

3.

die dem Arbeitsschutz und der Unfallverhütung dienenden Maßnahmen einen möglichst hohen Wirkungsgrad erreichen.

Zweiter Abschnitt
Betriebsärzte

-

§ 2 Bestellung von Betriebsärzten

(1) Der Arbeitgeber hat Betriebsärzte schriftlich zu bestellen und ihnen die in § 3 genannten Aufgaben zu übertragen, soweit dies erforderlich ist im Hinblick auf

1.

die Betriebsart und die damit für die Arbeitnehmer verbundenen Unfall- und Gesundheitsgefahren,

2.

die Zahl der beschäftigten Arbeitnehmer und die Zusammensetzung der Arbeitnehmerschaft und

3.

die Betriebsorganisation, insbesondere im Hinblick auf die Zahl und die Art der für den Arbeitsschutz und die Unfallverhütung verantwortlichen Personen.

(2) Der Arbeitgeber hat dafür zu sorgen, daß die von ihm bestellten Betriebsärzte ihre Aufgaben erfüllen. Er hat sie bei der Erfüllung ihrer Aufgaben zu unterstützen; insbesondere ist er verpflichtet, ihnen, soweit dies zur Erfüllung ihrer Aufgaben erforderlich ist, Hilfspersonal sowie Räume, Einrichtungen, Geräte und Mittel zur Verfügung zu stellen. Er hat sie über den Einsatz von Personen zu unterrichten, die mit einem befristeten Arbeitsvertrag beschäftigt oder ihm zur Arbeitsleistung überlassen sind.

(3) Der Arbeitgeber hat den Betriebsärzten die zur Erfüllung ihrer Aufgaben erforderliche Fortbildung unter Berücksichtigung der betrieblichen Belange zu ermöglichen. Ist der Betriebsarzt als Arbeitnehmer eingestellt, so ist er für die Zeit der Fortbildung unter Fortentrichtung der Arbeitsvergütung von der Arbeit freizustellen. Die Kosten der Fortbildung trägt der Arbeitgeber. Ist der Betriebsarzt nicht als Arbeitnehmer eingestellt, so ist er für die Zeit der Fortbildung von der Erfüllung der ihm übertragenen Aufgaben freizustellen.

-

§ 3 Aufgaben der Betriebsärzte

(1) Die Betriebsärzte haben die Aufgabe, den Arbeitgeber beim Arbeitsschutz und bei der Unfallverhütung in allen Fragen des Gesundheitsschutzes zu unterstützen.

Sie haben insbesondere

1.

den Arbeitgeber und die sonst für den Arbeitsschutz und die Unfallverhütung verantwortlichen Personen zu beraten, insbesondere bei

a)

der Planung, Ausführung und Unterhaltung von Betriebsanlagen und von sozialen und sanitären Einrichtungen,

b)

der Beschaffung von technischen Arbeitsmitteln und der Einführung von Arbeitsverfahren und Arbeitsstoffen,

c)

der Auswahl und Erprobung von Körperschutzmitteln,

d)

arbeitsphysiologischen, arbeitspsychologischen und sonstigen ergonomischen sowie arbeitshygienischen Fragen, insbesondere des Arbeitsrhythmus, der Arbeitszeit und der Pausenregelung, der Gestaltung der Arbeitsplätze, des Arbeitsablaufs und der Arbeitsumgebung,

e)

der Organisation der "Ersten Hilfe" im Betrieb,

f)

Fragen des Arbeitsplatzwechsels sowie der Eingliederung und Wiedereingliederung Behinderter in den Arbeitsprozeß,

g)

der Beurteilung der Arbeitsbedingungen,

2.

die Arbeitnehmer zu untersuchen, arbeitsmedizinisch zu beurteilen und zu beraten sowie die Untersuchungsergebnisse zu erfassen und auszuwerten,

3.

die Durchführung des Arbeitsschutzes und der Unfallverhütung zu beobachten und im Zusammenhang damit

a)

die Arbeitsstätten in regelmäßigen Abständen zu begehen und festgestellte Mängel dem Arbeitgeber oder der sonst für den Arbeitsschutz und die Unfallverhütung verantwortlichen Person mitzuteilen, Maßnahmen zur Beseitigung dieser Mängel vorzuschlagen und auf deren Durchführung hinzuwirken,

b)

auf die Benutzung der Körperschutzmittel zu achten,

c)

Ursachen von arbeitsbedingten Erkrankungen zu untersuchen, die Untersuchungsergebnisse zu erfassen und auszuwerten und dem Arbeitgeber Maßnahmen zur Verhütung dieser Erkrankungen vorzuschlagen,

4.

113

darauf hinzuwirken, daß sich alle im Betrieb Beschäftigten den Anforderungen des Arbeitsschutzes und der Unfallverhütung entsprechend verhalten, insbesondere sie über die Unfall- und Gesundheitsgefahren, denen sie bei der Arbeit ausgesetzt sind, sowie über die Einrichtungen und Maßnahmen zur Abwendung dieser Gefahren zu belehren und bei der Einsatzplanung und Schulung der Helfer in "Erster Hilfe" und des medizinischen Hilfspersonals mitzuwirken.

(2) Die Betriebsärzte haben auf Wunsch des Arbeitnehmers diesem das Ergebnis arbeitsmedizinischer Untersuchungen mitzuteilen; § 8 Abs. 1 Satz 3 bleibt unberührt.

(3) Zu den Aufgaben der Betriebsärzte gehört es nicht, Krankmeldungen der Arbeitnehmer auf ihre Berechtigung zu überprüfen.

-

§ 4 Anforderungen an Betriebsärzte

Der Arbeitgeber darf als Betriebsärzte nur Personen bestellen, die berechtigt sind, den ärztlichen Beruf auszuüben, und die über die zur Erfüllung der ihnen übertragenen Aufgaben erforderliche arbeitsmedizinische Fachkunde verfügen.

Dritter Abschnitt
Fachkräfte für Arbeitssicherheit

-

§ 5 Bestellung von Fachkräften für Arbeitssicherheit

(1) Der Arbeitgeber hat Fachkräfte für Arbeitssicherheit (Sicherheitsingenieure, -techniker, -meister) schriftlich zu bestellen und ihnen die in § 6 genannten Aufgaben zu übertragen, soweit dies erforderlich ist im Hinblick auf

1.
   die Betriebsart und die damit für die Arbeitnehmer verbundenen Unfall- und Gesundheitsgefahren,
2.
   die Zahl der beschäftigten Arbeitnehmer und die Zusammensetzung der Arbeitnehmerschaft,
3.
   die Betriebsorganisation, insbesondere im Hinblick auf die Zahl und Art der für den Arbeitsschutz und die Unfallverhütung verantwortlichen Personen,
4.
   die Kenntnisse und die Schulung des Arbeitgebers oder der nach § 13 Abs. 1 Nr. 1, 2 oder 3 des Arbeitsschutzgesetzes verantwortlichen Personen in Fragen des Arbeitsschutzes.

(2) Der Arbeitgeber hat dafür zu sorgen, daß die von ihm bestellten Fachkräfte für Arbeitssicherheit ihre Aufgaben erfüllen. Er hat sie bei der Erfüllung ihrer Aufgaben

114

zu unterstützen; insbesondere ist er verpflichtet, ihnen, soweit dies zur Erfüllung ihrer Aufgaben erforderlich ist, Hilfspersonal sowie Räume, Einrichtungen, Geräte und Mittel zur Verfügung zu stellen. Er hat sie über den Einsatz von Personen zu unterrichten, die mit einem befristeten Arbeitsvertrag beschäftigt oder ihm zur Arbeitsleistung überlassen sind.

(3) Der Arbeitgeber hat den Fachkräften für Arbeitssicherheit die zur Erfüllung ihrer Aufgaben erforderliche Fortbildung unter Berücksichtigung der betrieblichen Belange zu ermöglichen. Ist die Fachkraft für Arbeitssicherheit als Arbeitnehmer eingestellt, so ist sie für die Zeit der Fortbildung unter Fortentrichtung der Arbeitsvergütung von der Arbeit freizustellen. Die Kosten der Fortbildung trägt der Arbeitgeber. Ist die Fachkraft für Arbeitssicherheit nicht als Arbeitnehmer eingestellt, so ist sie für die Zeit der Fortbildung von der Erfüllung der ihr übertragenen Aufgaben freizustellen.

-

§ 6 Aufgaben der Fachkräfte für Arbeitssicherheit

Die Fachkräfte für Arbeitssicherheit haben die Aufgabe, den Arbeitgeber beim Arbeitsschutz und bei der Unfallverhütung in allen Fragen der Arbeitssicherheit einschließlich der menschengerechten Gestaltung der Arbeit zu unterstützen. Sie haben insbesondere

1.

den Arbeitgeber und die sonst für den Arbeitsschutz und die Unfallverhütung verantwortlichen Personen zu beraten, insbesondere bei

a)

der Planung, Ausführung und Unterhaltung von Betriebsanlagen und von sozialen und sanitären Einrichtungen,

b)

der Beschaffung von technischen Arbeitsmitteln und der Einführung von Arbeitsverfahren und Arbeitsstoffen,

c)

der Auswahl und Erprobung von Körperschutzmitteln,

d)

der Gestaltung der Arbeitsplätze, des Arbeitsablaufs, der Arbeitsumgebung und in sonstigen Fragen der Ergonomie,

e)

der Beurteilung der Arbeitsbedingungen,

2.

die Betriebsanlagen und die technischen Arbeitsmittel insbesondere vor der Inbetriebnahme und Arbeitsverfahren insbesondere vor ihrer Einführung sicherheitstechnisch zu überprüfen,

3.

die Durchführung des Arbeitsschutzes und der Unfallverhütung zu beobachten und im Zusammenhang damit

115

a)

die Arbeitsstätten in regelmäßigen Abständen zu begehen und festgestellte Mängel dem Arbeitgeber oder der sonst für den Arbeitsschutz und die Unfallverhütung verantwortlichen Person mitzuteilen, Maßnahmen zur Beseitigung dieser Mängel vorzuschlagen und auf deren Durchführung hinzuwirken,

b)

auf die Benutzung der Körperschutzmittel zu achten,

c)

Ursachen von Arbeitsunfällen zu untersuchen, die Untersuchungsergebnisse zu erfassen und auszuwerten und dem Arbeitgeber Maßnahmen zur Verhütung dieser Arbeitsunfälle vorzuschlagen,

4.

darauf hinzuwirken, daß sich alle im Betrieb Beschäftigten den Anforderungen des Arbeitsschutzes und der Unfallverhütung entsprechend verhalten, insbesondere sie über die Unfall- und Gesundheitsgefahren, denen sie bei der Arbeit ausgesetzt sind, sowie über die Einrichtungen und Maßnahmen zur Abwendung dieser Gefahren zu belehren und bei der Schulung der Sicherheitsbeauftragten mitzuwirken.

-

§ 7 Anforderungen an Fachkräfte für Arbeitssicherheit

(1) Der Arbeitgeber darf als Fachkräfte für Arbeitssicherheit nur Personen bestellen, die den nachstehenden Anforderungen genügen: Der Sicherheitsingenieur muß berechtigt sein, die Berufsbezeichnung Ingenieur zu führen und über die zur Erfüllung der ihm übertragenen Aufgaben erforderliche sicherheitstechnische Fachkunde verfügen. Der Sicherheitstechniker oder -meister muß über die zur Erfüllung der ihm übertragenen Aufgaben erforderliche sicherheitstechnische Fachkunde verfügen.

(2) Die zuständige Behörde kann es im Einzelfall zulassen, daß an Stelle eines Sicherheitsingenieurs, der berechtigt ist, die Berufsbezeichnung Ingenieur zu führen, jemand bestellt werden darf, der zur Erfüllung der sich aus § 6 ergebenden Aufgaben über entsprechende Fachkenntnisse verfügt.

Vierter Abschnitt
Gemeinsame Vorschriften

-

§ 8 Unabhängigkeit bei der Anwendung der Fachkunde

(1) Betriebsärzte und Fachkräfte für Arbeitssicherheit sind bei der Anwendung ihrer arbeitsmedizinischen und sicherheitstechnischen Fachkunde weisungsfrei. Sie

dürfen wegen der Erfüllung der ihnen übertragenen Aufgaben nicht benachteiligt werden. Betriebsärzte sind nur ihrem ärztlichen Gewissen unterworfen und haben die Regeln der ärztlichen Schweigepflicht zu beachten.

(2) Betriebsärzte und Fachkräfte für Arbeitssicherheit oder, wenn für einen Betrieb mehrere Betriebsärzte oder Fachkräfte für Arbeitssicherheit bestellt sind, der leitende Betriebsarzt und die leitende Fachkraft für Arbeitssicherheit, unterstehen unmittelbar dem Leiter des Betriebs.

(3) Können sich Betriebsärzte oder Fachkräfte für Arbeitssicherheit über eine von ihnen vorgeschlagene arbeitsmedizinische oder sicherheitstechnische Maßnahme mit dem Leiter des Betriebs nicht verständigen, so können sie ihren Vorschlag unmittelbar dem Arbeitgeber und, wenn dieser eine juristische Person ist, dem zuständigen Mitglied des zur gesetzlichen Vertretung berufenen Organs unterbreiten. Ist für einen Betrieb oder ein Unternehmen ein leitender Betriebsarzt oder eine leitende Fachkraft für Arbeitssicherheit bestellt, steht diesen das Vorschlagsrecht nach Satz 1 zu. Lehnt der Arbeitgeber oder das zuständige Mitglied des zur gesetzlichen Vertretung berufenen Organs den Vorschlag ab, so ist dies den Vorschlagenden schriftlich mitzuteilen und zu begründen; der Betriebsrat erhält eine Abschrift.

-

§ 9 Zusammenarbeit mit dem Betriebsrat

(1) Die Betriebsärzte und die Fachkräfte für Arbeitssicherheit haben bei der Erfüllung ihrer Aufgaben mit dem Betriebsrat zusammenzuarbeiten.

(2) Die Betriebsärzte und die Fachkräfte für Arbeitssicherheit haben den Betriebsrat über wichtige Angelegenheiten des Arbeitsschutzes und der Unfallverhütung zu unterrichten; sie haben ihm den Inhalt eines Vorschlags mitzuteilen, den sie nach § 8 Abs. 3 dem Arbeitgeber machen. Sie haben den Betriebsrat auf sein Verlangen in Angelegenheiten des Arbeitsschutzes und der Unfallverhütung zu beraten.

(3) Die Betriebsärzte und Fachkräfte für Arbeitssicherheit sind mit Zustimmung des Betriebsrats zu bestellen und abzuberufen. Das gleiche gilt, wenn deren Aufgaben erweitert oder eingeschränkt werden sollen; im übrigen gilt § 87 in Verbindung mit § 76 des Betriebsverfassungsgesetzes. Vor der Verpflichtung oder Entpflichtung eines freiberuflich tätigen Arztes, einer freiberuflich tätigen Fachkraft für Arbeitssicherheit oder eines überbetrieblichen Dienstes ist der Betriebsrat zu hören.

-

§ 10 Zusammenarbeit der Betriebsärzte und der Fachkräfte für Arbeitssicherheit

Die Betriebsärzte und die Fachkräfte für Arbeitssicherheit haben bei der Erfüllung ihrer Aufgaben zusammenzuarbeiten. Dazu gehört es insbesondere, gemeinsame Betriebsbegehungen vorzunehmen. Die Betriebsärzte und die Fachkräfte für

117

Arbeitssicherheit arbeiten bei der Erfüllung ihrer Aufgaben mit den anderen im Betrieb für Angelegenheiten der technischen Sicherheit, des Gesundheits- und des Umweltschutzes beauftragten Personen zusammen.

-

§ 11 Arbeitsschutzausschuß

Soweit in einer sonstigen Rechtsvorschrift nichts anderes bestimmt ist, hat der Arbeitgeber in Betrieben mit mehr als zwanzig Beschäftigten einen Arbeitsschutzausschuß zu bilden; bei der Feststellung der Zahl der Beschäftigen sind Teilzeitbeschäftigte mit einer regelmäßigen wöchentlichen Arbeitszeit von nicht mehr als 20 Stunden mit 0,5 und nicht mehr als 30 Stunden mit 0,75 zu berücksichtigen. Dieser Ausschuß setzt sich zusammen aus:

dem Arbeitgeber oder einem von ihm Beauftragten,
zwei vom Betriebsrat bestimmten Betriebsratsmitgliedern,
Betriebsärzten,
Fachkräften für Arbeitssicherheit und
Sicherheitsbeauftragten nach § 22 des Siebten Buches Sozialgesetzbuch.
Der Arbeitsschutzausschuß hat die Aufgabe, Anliegen des Arbeitsschutzes und der Unfallverhütung zu beraten. Der Arbeitsschutzausschuß tritt mindestens einmal vierteljährlich zusammen.

-

§ 12 Behördliche Anordnungen

(1) Die zuständige Behörde kann im Einzelfall anordnen, welche Maßnahmen der Arbeitgeber zur Erfüllung der sich aus diesem Gesetz und den die gesetzlichen Pflichten näher bestimmenden Rechtsverordnungen und Unfallverhütungsvorschriften ergebenden Pflichten, insbesondere hinsichtlich der Bestellung von Betriebsärzten und Fachkräften für Arbeitssicherheit, zu treffen hat.
(2) Die zuständige Behörde hat, bevor sie eine Anordnung trifft,

1.

den Arbeitgeber und den Betriebsrat zu hören und mit ihnen zu erörtern, welche Maßnahmen angebracht erscheinen und

2.

dem zuständigen Träger der gesetzlichen Unfallversicherung Gelegenheit zu geben, an der Erörterung mit dem Arbeitgeber teilzunehmen und zu der von der Behörde in Aussicht genommenen Anordnung Stellung zu nehmen.
(3) Die zuständige Behörde hat dem Arbeitgeber zur Ausführung der Anordnung eine angemessene Frist zu setzen.
(4) Die zuständige Behörde hat den Betriebsrat über eine gegenüber dem Arbeitgeber getroffene Anordnung schriftlich in Kenntnis zu setzen.

-

118

§ 13 Auskunfts- und Besichtigungsrechte

(1) Der Arbeitgeber hat der zuständigen Behörde auf deren Verlangen die zur Durchführung des Gesetzes erforderlichen Auskünfte zu erteilen. Er kann die Auskunft auf solche Fragen verweigern, deren Beantwortung ihn selbst oder einen der in § 383 Abs. 1 Nr. 1 bis 3 der Zivilprozeßordnung bezeichneten Angehörigen der Gefahr strafgerichtlicher Verfolgung oder eines Verfahrens nach dem Gesetz über Ordnungswidrigkeiten aussetzen würde.

(2) Die Beauftragten der zuständigen Behörde sind berechtigt, die Arbeitsstätten während der üblichen Betriebs- und Arbeitszeit zu betreten und zu besichtigen; außerhalb dieser Zeit oder wenn sich die Arbeitsstätten in einer Wohnung befinden, dürfen sie nur zur Verhütung von dringenden Gefahren für die öffentliche Sicherheit und Ordnung betreten und besichtigt werden. Das Grundrecht der Unverletzlichkeit der Wohnung (Artikel 13 des Grundgesetzes) wird insoweit eingeschränkt.

-

§ 14 Ermächtigung zum Erlaß von Rechtsverordnungen

(1) Das Bundesministerium für Arbeit und Soziales kann mit Zustimmung des Bundesrates durch Rechtsverordnung bestimmen, welche Maßnahmen der Arbeitgeber zur Erfüllung der sich aus diesem Gesetz ergebenden Pflichten zu treffen hat. Soweit die Träger der gesetzlichen Unfallversicherung ermächtigt sind, die gesetzlichen Pflichten durch Unfallverhütungsvorschriften näher zu bestimmen, macht das Bundesministerium für Arbeit und Soziales von der Ermächtigung erst Gebrauch, nachdem innerhalb einer von ihm gesetzten angemessenen Frist der Träger der gesetzlichen Unfallversicherung eine entsprechende Unfallverhütungsvorschrift nicht erlassen hat oder eine unzureichend gewordene Unfallverhütungsvorschrift nicht ändert.

(2) (weggefallen)

-

§ 15 Ermächtigung zum Erlaß von allgemeinen Verwaltungsvorschriften

Das Bundesministerium für Arbeit und Soziales erläßt mit Zustimmung des Bundesrates allgemeine Verwaltungsvorschriften zu diesem Gesetz und den auf Grund des Gesetzes erlassenen Rechtsverordnungen.

-

§ 16 Öffentliche Verwaltung

In Verwaltungen und Betrieben des Bundes, der Länder, der Gemeinden und der sonstigen Körperschaften, Anstalten und Stiftungen des öffentlichen Rechts ist ein den Grundsätzen dieses Gesetzes gleichwertiger arbeitsmedizinischer und sicherheitstechnischer Arbeitsschutz zu gewährleisten.

§ 17 Nichtanwendung des Gesetzes

(1) Dieses Gesetz ist nicht anzuwenden, soweit Arbeitnehmer im Haushalt beschäftigt werden.

(2) Soweit im Seearbeitsgesetz und in anderen Vorschriften im Bereich der Seeschifffahrt gleichwertige Regelungen enthalten sind, gelten diese Regelungen für die Besatzungsmitglieder auf Kauffahrteischiffen unter deutscher Flagge. Soweit dieses Gesetz auf die Seeschiffahrt nicht anwendbar ist, wird das Nähere durch Rechtsverordnung geregelt.

(3) Soweit das Bergrecht diesem Gesetz gleichwertige Regelungen enthält, gelten diese Regelungen. Im übrigen gilt dieses Gesetz.

§ 18 Ausnahmen

Die zuständige Behörde kann dem Arbeitgeber gestatten, auch solche Betriebsärzte und Fachkräfte für Arbeitssicherheit zu bestellen, die noch nicht über die erforderliche Fachkunde im Sinne des § 4 oder § 7 verfügen, wenn der Arbeitgeber sich verpflichtet, in einer festzulegenden Frist den Betriebsarzt oder die Fachkraft für Arbeitssicherheit entsprechend fortbilden zu lassen.

§ 19 Überbetriebliche Dienste

Die Verpflichtung des Arbeitgebers, Betriebsärzte und Fachkräfte für Arbeitssicherheit zu bestellen, kann auch dadurch erfüllt werden, daß der Arbeitgeber einen überbetrieblichen Dienst von Betriebsärzten oder Fachkräften für Arbeitssicherheit zur Wahrnehmung der Aufgaben nach § 3 oder § 6 verpflichtet.

§ 20 Ordnungswidrigkeiten

(1) Ordnungswidrig handelt, wer vorsätzlich oder fahrlässig

1.

einer vollziehbaren Anordnung nach § 12 Abs. 1 zuwiderhandelt,

2.

entgegen § 13 Abs. 1 Satz 1 eine Auskunft nicht, nicht richtig oder nicht vollständig erteilt oder

3.

entgegen § 13 Abs. 2 Satz 1 eine Besichtigung nicht duldet.

120

(2) Eine Ordnungswidrigkeit nach Absatz 1 Nr. 1 kann mit einer Geldbuße bis zu fünfundzwanzigtausend Euro, eine Ordnungswidrigkeit nach Absatz 1 Nr. 2 und 3 mit einer Geldbuße bis zu fünfhundert Euro geahndet werden.

§ 21

-

§ 22 Berlin-Klausel

Dieses Gesetz gilt nach Maßgabe des § 13 Abs. 1 des Dritten Überleitungsgesetzes vom 4. Januar 1952 (Bundesgesetzbl. I S. 1) auch im Land Berlin. Rechtsverordnungen, die auf Grund dieses Gesetzes erlassen werden, gelten im Land Berlin nach § 14 des Dritten Überleitungsgesetzes.

-

§ 23 Inkrafttreten

(1) Dieses Gesetz, ausgenommen § 14 und § 21, tritt am ersten Tag des auf die Verkündung folgenden zwölften Kalendermonats in Kraft. § 14 und § 21 treten am Tag nach der Verkündung des Gesetzes in Kraft.
(2)

Fußnote

§ 23 Abs. 1 Satz 1 u. 2: IdF d. § 70 Nr. 3 G v. 12.4.1976 I 965 mWv 1.5.1976, Kursivdruck gegenstandslos

-

Anhang EV Auszug aus EinigVtr Anlage I Kapitel VIII Sachgebiet B Abschnitt III
(BGBl. II 1990, 889, 1029)
- Maßgaben für das beigetretene Gebiet (Art. 3 EinigVtr) -

Abschnitt III
Bundesrecht tritt in dem in Artikel 3 des Vertrages genannten Gebiet mit folgenden Maßgaben in Kraft:
...

12.
    Gesetz über Betriebsärzte, Sicherheitsingenieure und andere Fachkräfte für Arbeitssicherheit vom 12. Dezember 1973 (BGBl. I S. 1885), geändert durch § 70 des Gesetzes vom 12. April 1976 (BGBl. I S. 965),
    mit folgenden Maßgaben:
    a)
        Die Verpflichtung der Arbeitgeber nach § 2 gilt als erfüllt, wenn die betriebsärztlichen Aufgaben durch eine Einrichtung des betrieblichen Gesundheitswesens wahrgenommen werden. Die Buchstaben b) und d)

sind anzuwenden.

b)

Der Arbeitgeber kann die Fachkunde als Betriebsarzt nach § 4 als nachgewiesen ansehen bei Fachärzten für Arbeitsmedizin oder Arbeitshygiene und Fachärzten mit staatlicher Anerkennung als Betriebsarzt.

c)

Der Arbeitgeber kann die Fachkunde als Fachkraft für Arbeitssicherheit nach § 7 als nachgewiesen ansehen bei Fachkräften, die eine Hochschul-, Fachschul- oder Meisterqualifikation besitzen und eine der Ausbildung entsprechende praktische Tätigkeit mindestens zwei Jahre lang ausgeübt haben und eine Ausbildung als Fachingenieur oder Fachökonom für Arbeitsschutz oder Arbeitsschutzinspektor oder Sicherheitsingenieur oder Fachingenieur für Brandschutz oder den Erwerb der anerkannten Zusatzqualifikation im Gesundheits- und Arbeitsschutz für Sicherheitsinspektoren oder eine entsprechende Ausbildung auf dem Gebiet der Arbeitshygiene nachweisen können. Fachkräfte für Arbeitssicherheit erfüllen die Anforderungen auch, wenn sie vor dem Inkrafttreten dieses Gesetzes mindestens zwei Jahre lang auf dem Gebiet der Arbeitssicherheit tätig waren.

d)

Für die Ermittlung der Einsatzzeit der Betriebsärzte sind folgende Mindestwerte zugrunde zu legen:

aa)

0,25 Stunden/Beschäftigten x Jahr für Betriebe mit geringfügigen Gefährdungen,

bb)

0,6 Stunden/Beschäftigten x Jahr für Betriebe, in denen eine arbeitsmedizinische Betreuung durchzuführen ist, weil besondere Arbeitserschwernisse vorliegen oder besonderen Berufskrankheiten vorzubeugen ist oder besondere arbeitsbedingte Gefährdungen für die Arbeitnehmer oder Dritte vorliegen,

cc)

1,2 Stunden/Beschäftigten x Jahr für Betriebe, in denen diese arbeitsmedizinischen Untersuchungen in jährlichen oder kürzeren Zeitabständen durchzuführen sind.

Die auf der Grundlage der Mindestwerte ermittelte Einsatzzeit ist zu erhöhen, wenn der Umfang der vom Betriebsarzt durchzuführenden arbeitsmedizinischen Untersuchungen überdurchschnittlich hoch ist oder in Durchsetzung von Rechtsvorschriften zusätzliche Aufgaben im Betrieb zu lösen sind.

e)

Für die Ermittlung der Einsatzzeit der Fachkräfte für Arbeitssicherheit sind folgende Mindestwerte zugrunde zu legen:

122

0,2 Stunden/Beschäftigten x Jahr für Betriebe mit geringfügigen Gefährdungen,

bb)

1,5 Stunden/Beschäftigten x Jahr für Betriebe mit mittleren Gefährdungen,

cc)

3,0 Stunden/Beschäftigten x Jahr für Betriebe mit hohen Gefährdungen,

dd)

4,0 Stunden/Beschäftigten x Jahr für Betriebe mit sehr hohen Gefährdungen.

Die auf der Grundlage der Mindestwerte ermittelte Einsatzzeit ist zu erhöhen, wenn der Schwierigkeitsgrad der arbeitssicherheitlichen Aufgabe oder der Umfang der Aufgaben der technischen Arbeitshygiene überdurchschnittlich hoch ist oder zusätzliche Aufgaben, z.B. für die Bereiche des Brand- oder Strahlenschutzes, zu lösen sind.

f)

Wird der Arbeitgeber Mitglied eines Unfallversicherungsträgers und hat dieser Unfallverhütungsvorschriften gemäß § 14 Abs. 1 erlassen, so treten an die Stelle der Bestimmungen in den Buchstaben b) bis e) die entsprechenden Bestimmungen der Unfallverhütungsvorschriften. Die erforderliche Fachkunde kann auch weiterhin als nachgewiesen angesehen werden, wenn die Voraussetzungen der Buchstaben b) und c) erfüllt sind.

g)

Für den öffentlichen Dienst der in Artikel 1 des Vertrages genannten Länder und des Landes Berlin für den Teil, in dem das Grundgesetz bisher nicht galt, ist bis zum Erlaß entsprechender Vorschriften durch die für den öffentlichen Dienst zuständigen Minister der Länder die Richtlinie des Bundesministers des Innern für den betriebsärztlichen und sicherheitstechnischen Dienst in den Verwaltungen und Betrieben des Bundes vom 28. Januar 1978 (GMBl. S. 114 ff.) anzuwenden.

www.ingramcontent.com/pod-product-compliance
Lightning Source LLC
Chambersburg PA
CBHW070040210526
45170CB00012B/549